경제학쟁이들

잘사는 조선을 꿈꾼

잘사는 조선을 꿈꾼
경제학쟁이들

2019년 06월 14일 인쇄
2019년 06월 24일 발행

글	스토리몽키
그림	미르

펴낸이	박인수
펴낸곳	주니어단디
주소	경기도 파주시 법흥리 유승앙브와즈 201. 106

등록	제 406-2016-000041호(2016.3.21.)
전화	031-941-2480
팩스	031-905-9787
이메일	dandibook@hanmail.net
홈페이지	dandibook.com

ISBN	979-11-89366-05-6 74810
	979-11-958144-4-2 74810 (세트)

• 이 책은 저작권법에 따라 보호받는 저작물이므로 무단 전재와 복제를 금합니다.
• 이 책의 일부를 사용하려면 주니어단디의 서면동의를 받아야 합니다.
• 이 책의 국립중앙도서관 출판시도서목록은 서지정보유통지원시스템 홈페이지(http://seoji.nl.go.kr)와
  국가자료공동목록시스템(http://www.nl.go.kr/kolisnet)에서 이용하실 수 있습니다.
  (CIP제어번호:CIP 2019023952)
• 잘못된 책은 구입한 곳에서 바꾸어 드립니다.
• KC마크는 이 제품이 공통안전기준에 적합하였음을 의미합니다.

| 모델명 | 잘사는 조선을 꿈꾼 경제학쟁이들 | 제조년월 | 2019. 06. 19. | 제조자명 | 주니어단디 | 제조국명 | 대한민국 |
| 주소 | 경기도 파주시 법흥리 유승앙브와즈 201. 106 | 전화번호 | 031-941-2480 | 사용연령 | 7세 이상 |

④ 위인들의 직업은 뭘까?

경제학쟁이들

잘사는 조선을 꿈꾼

스토리몽키 지음 · 미르 그림

주니어단디

여러분, 최근 뉴스를 본 적 있나요?

물가, 실업률, 집값 등 경제와 관련된 뉴스를 한 번쯤 들어본 적이 있을 거예요. 물가가 상승했다는 소식에 엄마가 한숨을 푹 쉬기도 하고, 실업률이 증가했다는 소식에 취업을 앞둔 이모가 우울한 표정을 짓기도 할 거예요. 그만큼 경제는 우리 생활과 밀접한 관련이 있답니다.

경제는 경세제민이라는 한자어에서 나온 말이에요. "세상을 경영하여 백성을 구제한다"는 뜻이지요. 경제는 돈을 벌고 쓰는 경제 활동뿐만 아니라 경제 활동을 둘러싼 모든 질서, 제도를 포함하고 있어요. 어렵고 복잡해 보이지만, 경제는 예부터 세상을 살아가기 위해 꼭 배워야 할 중요한 학문으로 인식되었어요.

현재, 많은 경제학자가 어떻게 하면 집값을 내릴 수 있을지, 어떻게 하면 일자리를 늘릴 수 있을지, 또 어떻게 하면 물가를 낮춰 서민 경제에 활력을 불러올 수 있을지 고민하고 연구하고 있답니다. 그래야 국민들이 안정된 경제생활을 할 수 있으니까요.

그런데 먼 옛날에도 이런 고민을 한 경제학자들이 있었어요. 모든 조선의 백성들이 자기 땅을 갖고 농사지을 수 있도록 토지 제도를 개혁하자고 주장했던 중농학파, 농업에 밀려 천시되었던 상공업을 발전시켜 부국강병을 이루자고 주장했던 중상학파가 바로 그들이랍니다.

중농학파는 토지를 중시하고, 중상학파는 상공업을 중시했지만 이들이 공통적으로 중시했던 건 조선 경제의 부흥이었어요. 백성들이 부유하게 살아야 나라 경제도 발전할 수 있다고 믿었던 거였지요. 하지만 이들이 주장한 개혁은 당시로써는 매우 파격적이었어요. 그래서 때론 멸시와 조롱의 대상이 되기도 했어요. 성리학자들이 권력을 장악하고 있던 조선에서, 급진적이고 파격적인 그들의 사상은 받아들이기 힘든 것이었어요.

그럼에도 조선의 경제학자들은 물러서지 않았어요. 백성을 위해, 조선을 위해 자신들의 사상을 굽히지 않았지요. 유배지에서 몇 권의 책을 쓰기도 하고, 여자라는 금기를 깨고 경제서를 집필하기도 하고요.

자, 그럼 지금부터 조선의 경제학자들을 만나러 가 볼까요?

그들이 조선의 경제 개혁을 위해 어떤 노력을 했는지, 그로 인해 어떤 변화가 생겼는지 이 책을 통해 차근차근 알아보자고요. 현재 우리 경제는 어떻게 흘러가는지, 과거 경제학자들이 전해 주는 교훈을 되새기면서 말이에요!

목차

1 조선 최초의 시장경제주의자
채제공 8

2 조선의 가정 경제학자
빙허각 이씨 32

3 우리나라 최고 지리경제학자
이중환 56

4 토지 개혁을 주장한 중농학파
유형원 78

5 자영 농민의 세상을 꿈꾸다
이익 100

6 청나라의 문물을 수용하자!
박지원 122

7 공동 경작, 공동 분배!
정약용 146

8 실학을 개화사상으로 발전시킨
박규수 170

1 채제공

조선 최초의 시장경제주의자

- **1720** 충청도 홍주 출생

- **1735** 15세에 향시에 급제

- **1758** 도승지가 됨
  영조가 사도세자를 폐위하라는 명령을 내리자
  목숨 걸고 철회시킴

- **1788** 우의정에 임명

- **1790** 좌의정으로 승진

- **1791** 금난전권을 폐지하는 신해통공을 주도함

- **1793** 영의정에 임명, 수원 화성 축도 담당

- **1799** 사망

시전상인 나라의 허락을 받고 물건을 파는 상인을 말해요.
금난전권 나라의 허락을 받은 시전 상인들이 허락받지 않고 물건을 파는 난전 상인의 상업 활동을 방해하고, 제재하는 권리랍니다.

1 개혁의 중심에 서다

"이제 시행할 때가 된 것 같소."

어스름한 밤, 정조가 나지막한 목소리로 말했습니다.

"저도 그렇게 생각하옵니다. 이제 뜻을 펼치실 때가 되었습니다."

수염이 희끗희끗한 신하가 머리를 숙이며 대답했어요. 그는 바로 채제공이었습니다.

채제공은 18세기 조선을 대표하는 학자이자, 명재상으로 정조의 개혁 정책이 실현되는 데 가장 큰 도움을 준 인물이에요. 이날 밤에도 역시 정조와 채제공은 조선에 큰 변화를 일으킬 만한 중대한 개혁 정책을 논의하고 있었습니다.

"전하, 그대로 밀고 나아가십시오. 반드시 실행시키셔야 하옵니다."

채제공의 목소리는 단호했습니다.

그리고 다음 날, 한양 중심가와 사대문에 한문과 한글로 쓴 벽보가 붙었어요. 정갈한 글씨로 한 자 한 자 적힌 발표문에는 놀랄 만한 내용이 들어 있었습니다.

"신해통공? 이게 무슨 말이지?"

"이 사람아! 그러게 글공부 좀 하라니까! 전하께서 육의전•을 제외하고 금난전권을 없애겠다 선포하셨다네!"

"뭐? 그게 정말이야?"

발표문을 본 사람들은 매우 놀랐어요. 그도 그럴 것이 금난전권은 당시 조선 경제에 막대한 영향력을 끼치던 중요한 제도였기 때문이에요. 나라에 등록된 시전 상인들에게 많은 권리를 주는 이 제도 때문에 다른 상인들이 큰 피해를 보고 있었지만 누구 하나 섣불리 폐지하자고 말하지 못했어요. 이때 당당히 폐지를 건의한 사람이 있었으니, 그가 바로 채제공이었습니다.

육의전 조선 시대에 나라에 필요한 물품을 공급하던 여섯 종류의 큰 상점을 말해요.

 ## 변화하던 조선의 상업

조선은 건국 초기부터 농업을 국가의 근본이라 생각했어요. 반면 상업은 천하다 하여 억제하거나 멸시하였지요. 국가가 나서서 상업을 하지 못하게도 했습니다. 조선은 상업을 통제하기 위한 방법으로 국가가 허락한 상인들만 상업 활동을 할 수 있게 했어요.

하지만 17세기 이후 조선의 상업에도 변화가 일어나기 시작했어요. 대동법이 시행되고, 공인이 등장하면서 상업이 자연스럽게 발전하고 있었지요.

1608년 김육에 의해 시행된 대동법은 광해군 시절 경기도 일부에서 먼저 실시 된 세금 제도로, 공물을 특산물 대신 쌀로 내는 것이었어요. 토지 1결•당 쌀 12두씩을 냈지요. 이전에는 집집이 정해진 공물을 바쳐야 했다면, 대동법은 땅의 면적만큼만 세금을 내면 되었어요. 땅이 많은 지주나 땅이 없는 농민이나 똑같은 양의 공물을 내야 했던 이전과 달리, 대동법은 가난한 농민의 부담을 현저히 감소시키는 정책이었어요.

"진작 모내기법을 사용할걸! 이렇게 농사가 잘된다니!"
"그러게 말이야. 이번 농사도 풍년이네, 풍년!"
모내기법의 보급으로 농업 생산량도 월등히 늘고 있었어요. 밥을 지어 먹고도 쌀이 남을 정도였지요. 농민들은 남은 쌀을 내다 팔기도 했고 수공업으로 면직물을 만들어 팔기도 했어요.
"나 이제 농사 그만두려고."
"뭐? 그럼 뭘 먹고살려고?"
"도시에 가서 물건을 팔 거야. 자네도 힘든 농사 그만 짓고 나랑 한양으로 가자고!"
상업이 발달하면서 농촌을 떠나 도시로 이주하는 사람들이 늘기 시작했습니다. 농사만 짓고 사는 게 당연한 줄 알았던 그들은, 물건만 팔아도 충분히 먹고살 수 있다는 걸 알게 되었어요. 그리고 물건을 팔 수 있는 더 큰 시장을 원하게 되었지요. 이로 인해 국가의 허가를 받지 않는 '난전' 상인들은 점점 늘어났어요.

1결 1결은 300두의 쌀을 수확할 수 있는 땅의 넓이예요.

겉보기에는 조선의 상업이 나날이 발전하고 있는 것처럼 보였지만, 발전을 막는 방해 세력이 버티고 있었어요. 바로 시전 상인들이었습니다.

시전 상인은 나라에 필요한 물건을 납품하는 상인들로, 도성 내에 설치한 상점에서만 물건을 팔 수 있었어요. 그중 비단, 명주, 무명, 모시, 종이, 생선 등 중요한 물건 여섯 품목을 파는 상인을 육의전이라고 불렀어요. 모두 국가의 허가를 받은 시전 상인들이었습니다. 이들에겐 다른 상인에겐 없는 막강한 권한이 있었는데, 바로 금난전권이었어요.

# 3 때를 기다리다

"이보게 덕삼이!"

옆집 옹기장수가 헐레벌떡 뛰어 들어왔습니다. 덕삼은 아랑곳없다는 듯 짚신을 꼬고 있었어요. 내일 장에 내다 팔려면 스무 켤레는 더 꼬아야 했지요.

"어디 불이라도 났어? 왜 이리 호들갑이야?"

덕삼이 웃으며 물었어요.

"불보다 더 한 일이 생겼어! 우리 장사 못 하게 생겼다고!"

"그게 무슨 소리야! 장사를 왜 못 해?"

그제야 덕삼이 하던 일을 멈추었어요.

"글쎄, 나라에서 시전 상인에게 금난전권을 부여했다지 뭔가! 우리 같은 난전은 장사 못하게 하려는 속셈인 게지!"

옹기장수가 울상을 지으며 말했어요.

금난전권은 시전 상인이 국가의 허가를 받지 않은 '난전' 상인을 통제하는 제도였어요. 유교 국가였던 조선은 농민들이 농사는 짓지 않고 상인이 되어 장사를 할까 봐 걱정이 되었습니다. 시전 상인들 역시, 상인이 많아지면 자신들의 이익이 줄어들까 노심초사했지요. 그래서 조정에 난전 상인들을 단속할 수 있는 권한을 달라고 강력하게 요청했어요. 시전 상인을 이용해 상인의 증가를 막을 수 있을 거로 생각한 조선 정부는 그들에게 금난전권이란 특권을 부여했습니다. 이로써 시전 상인은 난전 상인의 장사를 방해할 수 있게 되었지요.

"누가 여기서 배추 팔래? 어서 썩 꺼져!"
"당신이 뭔데 이래라, 저래라야?"
"이봐! 금난전권 몰라? 나 시전 상인이야, 시전 상인!"

시전 상인의 권한은 막강했습니다. 난전을 적발하면 상점을 다신 못 열게 폐쇄할 수 있었고, 판매하던 물건도 압수할 수 있었어요. 아예 조직을 만들어 난전을 단속하는 경우도 있었지요.

"허가도 없이 감히 장사를 해? 소금은 모두 압수다!"
"아이고, 저희 가족 모두 굶어 죽습니다요. 한 번만 팔게 해 주십시오!"

시장 곳곳에서 난전 상인들의 억울한 목소리가 들렸어요. 먹다 남은 농산물이나 면직물, 그릇 같은 수공업 제품을 팔아서 먹고살려고 했던 난전 상인들은 억울하게 쫓겨나야 했어요. 심지어 물건을 모두 빼앗겨 빈털터리가 되기도 했습니다.

이것을 심각하게 생각한 채제공은 임금님을 찾아갔습니다.

"전하! 시전 상인의 횡포가 날로 심해지고 있사옵니다!"

"나도 알고 있소. 하지만 그들이 없다면 나라에 물건을 댈 자들이 없으니….'

정조에게도 시전 상인의 횡포는 큰 골칫거리였어요. 그런데도 쉽게 시전 상인을 제재하지 못했어요. 그들은 허가를 받고 장사하는 만큼 나라에 많은 세금을 내고 있었어요. 또 왕실이나 관아에 필요한 물품을 조달하였고, 다리 건설이나 궁궐 보수처럼 국가에서 행하는 공사에 동원되기도 했습니다. 그만큼 조선 경제에 큰 역할을 하고 있었지요.

'큰일이군. 시전 상인을 어떻게 제재한단 말인가….'

채제공은 근심 어린 얼굴로 궁궐을 나섰습니다. 그때, 두 명의 관리가 주변을 두리번거리며 뒤뜰로 들어가는 게 보였어요. 채제공은 조용히 그들의 뒤를 밟았어요.

"아이고, 나리들! 이거 지리산에서 직접 공수해온 산삼입니다요!"

"아니, 이 귀한 걸!"

그들이 만난 사람은 다름 아닌 시전 상인이었어요. 시전 상인이 노론● 관리에게 뇌물로 산삼을 바치고 있던 거였지요. 시전 상인은 노론 세력의 정치 자금을 대주는 대신, 노론은 시전 상인의 뒤를 봐주며 서로 결탁한

조선 최초의 시장경제주의자 채제공 17

것이었어요. 이 모습을 본 채제공은 탄식했어요.

'백성들의 삶보다 자신들의 이익을 위해 서로 손을 잡다니…'

이런 이유로 정조는 쉽게 시전 상인의 횡포를 제재할 수 없었습니다. 채제공도 정조와 같은 마음이었어요. 금난전권을 폐지하면 노론의 반발이 심해질 게 분명했어요.

'섣불리 그들을 건드렸다간, 모든 게 물거품이 될 수도 있다. 때를 기다리자.'

채제공은 노론 세력이 공격해 올 때 반격할 수 있는 대비책을 마련하며, 때를 기다리기로 마음먹었습니다.

노론 지금의 '정당'처럼, 정치 색깔이 비슷한 사람들이 모여 만든 당의 이름 중 하나였어요.

4 개혁의 시작

1788년, 채제공은 우의정에 제수되었습니다. 그의 나이 69세였어요. 남인 출신이 정승에 오른 건 80여 년 만의 일이었어요. 그로부터 2년 뒤 71세의 나이로 좌의정이 되었고 이 시기에 정조를 도와 개혁 과제를 추진하였어요. 그중 가장 먼저 추진한 것이 금난전권 폐지였습니다.

"전하! 시전 상인이 물건을 독점•하여 물가가 하늘을 찌를 만큼 오르고, 상인들은 장사를 하지 못하고 있사옵니다. 이 때문에 물건의 유통도 원활하지 않

> **독점** 시장에 물건을 파는 기업이 단 하나일 때를 말해요. 예를 들어 신발을 파는 가게가 하나뿐이면 신발 가게는 신발의 가격을 마음대로 올릴 수 있어요. 물건을 사는 소비자는 다른 선택이 없기 때문에 그 신발을 사야만 하는 것이지요.

고, 치솟는 물가로 백성들의 소비도 많이 줄었습니다. 소비를 하지 않으니 나라 경제 또한 어려워지고 있사온데, 이 모든 게 시전 상인이 휘두르는 금난전권 때문이옵니다. 하루빨리 금난전권을 폐지해야 하옵니다!"

채제공은 우의정에 오른 지 3년이 지난 1791년, 금난전권 폐지를 정식으로 건의했습니다. 금난전권이야말로 조선의 상업 발전에 큰 걸림돌이 된다고 생각했어요. 특히 시전 상인이 물건을 독점하는 게 가장 큰 문제라고 보았어요.

실제로 시전 상인은 자신들의 특권을 이용해 많은 물건을 독차지했습니다. 난전 상인들을 제재한다는 핑계로, 그들의 물건을 싼값에 사들여 자신들만 독점으로 판매하기 시작했지요.

"소금값이 금값이야! 너무 비싸서 이번에도 못 사고 돌아왔다니까!"

"시전 상인이 독차지해서 그렇잖아! 소금값도 맘대로 올리고 말이야!"

시전 상인이 독점으로 물건을 파는 바람에 사람들은 비싼 값에 물건을 사야 했어요. 소금을 여러 가게에서 팔아야 서로 경쟁하고 가격도 내려가게 되는데, 한 곳에서 독점해버리니 가격도 마음대로 올릴 수 있었지요. 결국 다른 곳에서도 소금을 구하지 못한 사람들은 눈물을 머금고 비싼 값에 시전 상인의 소금을 사야 했어요. 나중에는 너무 비싸서 물건을 못 구하는 일도 발생했습니다.

"더 이상 금난전권 폐지를 늦춰선 안 됩니다. 시전 상인의 독점을 막으려면 금난전권을 폐지해야 하옵니다. 그래야 백성의 고통도 줄고, 상인들도 자유롭게 장사를 할 수 있을 것이옵니다. 백성에게 은혜를 베푸시려면 금난전권부터 없애시옵소서!"

"좋소. 노론과 시전 상인들의 반발이 크겠지만, 더 이상 미룰 수는 없는 일! 당장 신해통공을 실시하도록 하시오!"

정조는 채제공의 건의를 받아들였습니다. 그 역시 나라 경제를 위태롭게 하는 시전 상인의 횡포를 더는 두고 볼 수 없었어요. 이번에야말로 개혁의 칼을 빼 들어야겠다고 생각했지요. 채제공은 정조의 이런 개혁 의지를 지지하며, 정조를 도와 금난전권을 폐지하는 데 앞장섰어요.

5 노론의 반격

정조가 채제공을 신뢰하는 데는 그럴 만한 이유가 있었어요. 채제공은 정조의 아버지, 사도세자가 뒤주에 갇혔을 때 죽음을 무릅쓰고 반대한 인물이었어요. 또 정조의 어린 시절부터 지극정성 보필한 충신이었지요. 채제공은 노론이 아닌, 남인계 사람이었어요. 소외당하던 남인계 사람이 정조의 두터운 신임을 받으며 개혁 정책의 중심에 서 있자, 노론의 반발 또한 무척이나 거셌어요.

"시전은 수백 년 동안 유지되어 온 뿌리 깊은 제도로써, 그들은 국가의 중요한 부역을 책임지고 있사옵니다. 만약 금난전권을 폐지한다면 시전 상인의 힘은 약해질 것이고, 시전 모두 망하고 말 것입니다!"

노론 김문순은 금난전권 폐지를 반대하며 채제공의 건의를 정면으로 반박했어요. 하루아침에 자신들의 정치 자금이 사라질 위기에 처하자 다급

함을 느꼈지요. 노론의 거센 반발에도 정조는 물러서지 않았습니다. 금난전권의 폐지는 시전 상인의 힘은 물론, 노론 세력을 저지하는 매우 중요한 개혁 정책이었기 때문이에요.

"금난전권은 폐지할 것이오! 단, 육의전은 제외하겠소."
정조는 육의전은 제외한다는 조건을 걸고, 나머지 시전에 대한 금난전권은 폐지하기로 했습니다. 노론도 더 이상 반대할 명분이 없었어요.

6 최초의 시장 자유화가 실현되다

마침내 1791년, 한양 중심가와 사대문에 금난전권 폐지를 알리는 신해통공이 발표되었습니다. '통공'은 모든 사람에게 통한다는 뜻으로, 신해년에 실시되었음을 알리기 위해 '신해통공'이라 이름 붙였어요.

"전하, 새로운 법을 몰라 죄를 짓는 백성이 생겨날지 모르니 한양 중심가와 사대문에 신해통공을 알리는 벽보를 붙이는 게 좋을 듯싶습니다."

채제공은 혹시라도 바뀐 법을 몰라 불이익을 받는 백성이 생겨날까, 모든 백성이 신해통공을 알 수 있도록 발표문을 걸자고 건의했습니다.

"좋은 생각이오. 백성이 모두 볼 수 있도록 한문과 한글로 써서 붙이도록 하시오."

정조는 채제공의 건의를 받아들였어요. 백성을 생각하는 마음과 더불어 금난전권 폐지에 대한 조정의 강력한 의지를 보여주기 위함이었지요.

〈시전 상인들이 난전 상인의 상업 활동을 단속하고, 금지할 수 있도록 허용된 금난전권을 폐지한다. 단, 육의전은 제외한다.〉

'힘이 없던 소상인들도 이제 자유롭게 물건을 사고팔 수 있게 되었구나. 비로소 조선에도 시장 자유화 정책이 실현된 게야!'

채제공은 감격스러웠어요. 소상인들이 자유롭게 물건을 사고파는 신해통공의 가장 큰 목적이 실현된 셈이었지요.

금난전권이 폐지되자, 시전 상인이 물건을 독점해 판매하는 매점매석 행위도 급격히 사라졌어요. 또한 물가도 내려가 백성의 부담도 많이 줄어들었지요. 소상인들은 이제 마음껏 물건을 사고팔 수 있게 되었어요. 이로 인해 자유롭게 상업 활동을 하는 시장이 성장하기 시작했고, 조선 경제 발전에 큰 영향을 끼쳤습니다.

신해통공이 발표되자, 시전 상인들은 궁궐 앞에 몰려와 채제공을 향해 통공정책 폐지를 주장하였어요. 그때 채제공은 이렇게 말했습니다.

"도성 안에 살든, 그 주변에 살든 모두 똑같은 조선의 백성이다! 상점을 갖고 있든 갖고 있지 않든, 물건이 많든 적든, 장사를 하는 행위는 모두 공평해야 한다! 시전 상인이 아니라고 해서 자기 물건으로 장사하는 사람을 내쫓는 것이 사람으로서 할 도리인가! 모두 한 백성인데, 어찌 차별을 둘 수 있단 말인가!"

대동법과 누진세

광해군 때 경기도에서 처음 시작된 대동법은 무려 100년이 걸려서야 전국에 시행될 수 있었습니다. 그 결과 세금의 80%까지 줄일 수 있었지요.

그렇다면 현재 우리나라 세금 제도와 대동법의 유사한 점은 무엇이 있을까요?

우리나라 세금의 종류에는 비례세와 누진세가 있습니다.

비례세는 소득과 관계없이 누구나 같은 비율로 부과되는 세금을 말해요. 예를 들어 연봉 1,000만 원인 사람과 연봉 1억 원인 사람 모두 같은 세율인 10%를 부담하는 거예요. 그렇게 되면 연봉 1,000만 원인 사람은 100만 원의 세금을, 연봉 1억 원인 사람은 1,000만 원의 세금을 내게 되지요.

비례세에는 개별소비세라는 세금이 있는데, 사치성 상품이나 서비스의 소비에 대해 별도의 높은 세율로 세금을 부과하는 거예요. 세금을 따로 내는 게 아니라, 물건값에 포함되어 있기 때문에 간접세라고 불러요. 카메라 한 대 가격이 50만 원이라면, 그 안에 개별소비세가 포함되어 있다고 보면 돼요. 가난한 사람이나 부유한 사람이나 카메라 한 대를 살 때 부여되는 세금은 똑같아요. 모두 50만 원만 내면 되니까요.

가난한 사람이나, 부자나 똑같은 세금을 낸다니, 대동법 이전에 시행됐던 공납과 유사하지 않나요? 집집마다 같은 양의 특산물을 내야 했으니까요.

개별소비세 특별소비세에서 개별소비세로 명칭이 바뀌었어요.

누진세는 소득이 증가할수록 점점 높은 세율을 적용하는 세금이에요. 예를 들어 연봉 1,000만 원인 사람이 10%의 세금을 낸다면, 연봉 1억 원인 사람은 50%의 세금을 내는 거예요.

그렇다면 대동법은 누진세와 똑같을까요?

대동법은 토지 1결당 쌀 12두를 내는 것으로 10결이면 120두, 100결이면 1,200두를 내면 돼요. 하지만 누진세는 그렇지 않아요. 1결당 12두면 10결이면 150두를 내는 것처럼 세금 비율이 증가해야 해요. 대동법은 누구나 평등하게 토지 1결당 12두만 내면 됐기 때문에 세율이 증가한다고 볼 수 없어요. 즉, 누진세와 완전히 똑같다고 말하기는 어려운 것이지요.

하지만 당시 토지를 많이 가진 사람들은 대다수가 양반들이었어요. 때문에 양반들이 세금을 많이 낼 수밖에 없었지요. 반대로 토지가 없는 농민은 세금의 부담을 덜 수 있었고요.

누진세 역시 많이 가진 사람이 세금을 더 많이 내는 제도이기 때문에 이런 면에서는 대동법과 누진세가 비슷하다고 볼 수 있습니다.

국세청

신해통공과 독과점

독과점은 조선뿐만 아니라 현대에도 큰 문제점으로 나타나고 있습니다. 대기업이 시장을 독점해 마음대로 물건 가격을 올리거나, 같은 상품을 파는 두세 개의 기업이 합심해서 가격을 올려 담합을 하는 등 그 횡포는 날로 심해지고 있어요. 이로 인해 피해를 보는 생산자와 소비자도 늘어나고 있지요.

대기업에 비하면 소상인과 소비자들은 힘이 없는 약자예요. 대기업이 시장을 독점해 물건값을 올려버리면 소비자는 비싼 가격에 물건을 사게 되고, 소상인들은 대기업에 막혀 시장에 진입하지 못 하게 돼요. 그럼 개인뿐만 아니라, 국가 전반적으로도 큰 손해를 입게 됩니다. 경제가 원활하게 돌아가지 않기 때문에 국가 경제에 안 좋은 영향을 미치게 되지요.

그래서 국가는 독과점을 규제하고, 시장 안에서 공정하게 거래할 수 있는 법을 제정했어요. 그것이 바로 '독점 규제 및 공정거래법'입니다.

독점 규제 및 공정거래법은 공정하고 자유로운 경쟁을 통해 소비자를 보호하고, 기업의 활동을 장려하며 국가 경제가 균형 있게 발전할 수 있도록 만들어졌지요.

그렇다면 독점은 무조건 나쁜 것일까요?

독과점 하나, 또는 두세 개의 기업이 생산과 시장을 지배하는 상태를 뜻해요.
소상인 작은 규모로 장사하는 상인이에요.

그렇지는 않아요. 만약 신발 회사가 하나뿐이라고 가정했을 때, 그 회사가 신발 시장을 혼자 점유해 비싼 값에 신발을 팔고, 다른 작은 신발 회사들이 시장에 진입하지 못하도록 막는다면 이는 독점 규제 및 공정거래법 위반에 해당합니다.

하지만 다른 신발 회사의 진입을 막지 않음에도 불구하고 신발이 잘 팔려 혼자 계속 성장한다면 그것은 독점이라고 볼 수 없어요. 시장경제 사회에서 개인이 경제적 이익을 추구하는 것은 누구에게나 보장되기 때문이에요. 다른 사람에게 피해를 주지 않고, 시장이 원활히 작동하고 있다면 독점 기업이라 볼 수 없지요.

독과점으로 소비자가 큰 피해를 받거나, 자원이 효율적으로 배분되지 않을 때 국가가 나서서 규제한다고 보면 돼요. 개인의 이익보다 나라의 전반적인 조화로운 상황을 유지해야 하는 게 국가의 역할이기도 하니까요.

광장 시장

2 조선의 가정 경제학자
빙허각 이씨

1759 ● 서울에서 출생

1773 ● 15세에 서유본과 결혼

1806 ● 서유본의 숙부 서형수가 옥사에 연루되며 집안 몰락

1809 ● 51세에 《규합총서》 저술

1822 ● 남편 서유본이 사망하자 남편을 위한 시
〈절명사〉를 지음

1824 ● 사망

1 강인하고 주체적인 아이

"자, 이걸 한번 해석해 보겠느냐?"

아버지 이창수는 부드러운 눈빛으로 책 한 구절을 가리켰습니다. 막 여섯 살이 된 빙허각은 머뭇거림 없이 대답하기 시작했어요.

"아버님은 나를 태어나게 하시고, 어머님은 나의 몸을 기르셨습니다. 배로써 나를 품어 주시고, 젖으로써 나를 먹여 주셨습니다."

"허허. 아주 잘했다. 소학은 처음 배우는 것인데 금방 이해하는구나."

아버지는 빙허각의 머리를 쓰다듬으며 기분 좋게 웃었습니다.

"아버님, 시경도 읽고 싶습니다."

"시경? 그건 아직 이해하기 어려울 텐데 괜찮겠느냐?"

"어렵더라도 꼭 배우고 싶습니다."

빙허각의 눈이 초롱초롱 빛났어요. 아무리 어려운 책일지라도 공부할 수 있다면 뭐든 좋았지요. 아버지는 그런 빙허각의 마음을 잘 알고 있었습니다. 그래서 빙허각을 무릎에 앉혀 놓고 《소학》, 《시경》을 읊어 주며 배움의 문을 열어 주었어요. 이 덕분에 빙허각은 어린 시절부터 다양한 책을 접할 수 있었습니다. 이해력과 기억력도 뛰어나 한 번 읽은 책은 금방 깨우쳤지요.

빙허각 이씨는 전주 이씨 가문의 막내딸로 태어났어요. 빙허각의 가문은 뛰어난 명망가는 아니었지만 학문을 중시한 가문으로, 늘 책과 공부를 가까이했어요. 그러다 보니 빙허각도 자연스럽게 학문에 관심을 두게 되었지요.

그러던 어느 날, 집안이 발칵 뒤집어지는 일이 발생했습니다. 빙허각이 손에 망치를 든 채 입에서 피를 철철 흘리고 있었던 거예요.

"아가! 이게 무슨 일이냐!"

아버지 이창수는 깜짝 놀랐어요. 어디서 놀다 크게 다쳤다고 생각했지요. 하지만 빙허각의 표정은 담담했습니다.

"젖니가 안 빠져서 제가 직접 이것으로 뽑았사옵니다."

빙허각이 망치를 들며 말했어요.

"네가 직접? 무섭지 않았느냐?"

"네, 무섭지 않았습니다."

집안 모든 사람이 충격을 받았지만, 빙허각은 동요하지 않았어요.

"그래. 잘했다. 모름지기 두려움이 가장 큰 적이니라. 아주 용감한 일을 했구나."

아버지는 빙허각의 머리를 쓰다듬었어요. 아버지는 아이에게서 볼 수 없는 빙허각의 대담함과 강인한 성격이 무척 마음에 들었어요. 하지만 마냥 좋았던 건 아니었어요.

'저렇게 강인하고 주체적인 아이가 시집을 가면 남편의 말에 잘 따를 수 있을까.'

아버지는 훗날 빙허각이 결혼을 하면 남편의 뜻에 따르지 않고, 자기 생각대로 행동하게 될까 봐 걱정이 되었습니다.

# 2 실학자 집안으로 시집가다

　빙허각이 살았던 조선은 성리학이 지배한 시대였습니다. 성리학은 인간의 마음과 우주의 원리 등을 탐구하는 학문으로, 실제 생활에 필요한 학문과는 거리가 멀었어요. 특히 모든 사물을 음과 양, 즉 귀하고 천한 것으로 구분하였는데 이 때문에 남자는 귀하고, 여자는 천하다는 남존여비 사상이 등장하게 되었어요. 따라서 남자만 공부할 수 있었고, 여성은 학문을 하면 안 되는 존재로 여겨졌습니다. 여성의 일은 그저 집안일과 아이 돌보는 것으로 한정되었지요. 설령 딸과 아들이 똑같이 교육받더라도 여자 아이의 학문은 집 안에서만 이루어질 뿐, 남자처럼 책을 쓰거나 누구를 가르칠 수 없었어요.

　결혼도 마찬가지였습니다. 혼인을 하면 여자는 시댁으로 들어가 남편을 따르며 살아야 했어요. 여성이 스스로 자신의 삶을 가꾸고, 능력을 펼치는 일은 거의 불가능했지요. 빙허각의 아버지 또한 이런 점이 못내 마음에 걸렸습니다. 빙허각은 총명했고 강인했지만 조선 사회에서 빙허각의 능력은 환영받지 못할 것이 분명했어요. 아버지는 딸이 상처받지 않을까 걱정이 되었습니다.

아버지의 마음을 아는지 모르는지, 빙허각은 공부하는 것을 멈추지 않았어요.

"얘야. 네 나이도 이제 열다섯이구나. 이제 평생의 지아비를 만나야 하지 않겠느냐."

"아버님…."

글공부를 하던 빙허각에게 아버지는 조심스레 결혼 이야기를 꺼냈어요. 상대는 달성 서씨 가문의 서유본이었어요. 최고의 학자를 배출한 명문가 자제였지요. 서유본은 높은 관직에 있지는 않았지만 뛰어난 실학자로 이름나 있었어요. 실학은 성리학을 비판하면서 등장한 학문이었습니다. 굶주리는 백성들이 많아지자 성리학이 실제 생활에 아무런 도움이 되지 못한다는 주장이 곳곳에서 제기되었어요. 그래서 마음이 맞는 사람들이 모여 생활에 도움이 되는 실용적인 학문을 연구하기 시작했지요. 그게 바로 실학이었어요.

서유본 집안은 서유본을 포함해 대대로 뛰어난 실학자를 배출했습니다. 서유본의 동생 서유구는 농사에 도움이 되는《임원경제지》라는 농사 서적을 집필했고 아버지 서호수도《해동농서》라는 책을 쓴 실학자였어요.

이런 가풍은 훗날 빙허각에게 많은 영향을 끼쳤습니다. 서유본의 집엔 무려 8,000여 권의 책이 소장돼 있었어요. 천문학과 수학 등 전에는 볼 수 없던 새로운 책들도 있었지요. 책을 좋아하던 빙허각에게는 더할 나위 없는 좋은 환경이었어요. 하지만 무엇보다 빙허각을 기쁘게 했던 건 남편 서유본의 외조였어요.

"부인, 이 책도 읽어보시겠소?"

"어머, 재미있겠는데요?"

서유본은 빙허각에게 책을 추천해 주기도 했고 그녀가 읽고 싶어 하는 책이 있으면 바로 구해다 주었어요. 아내와 함께 시를 주고받으며 토론을 하기도 했지요. 서유본에게 빙허각은 사랑스런 부인이자, 학문을 나누는 친구였어요. 시아버지도 며느리인 빙허각이 아들들과 함께 공부할 수 있도록 배려해 주었어요. 빙허각의 학문을 높이 평가해서 시동생들에게 공부를 가르쳐보라고 권유하기도 했어요. 여자라고 차별하지 않던 서씨 가문의 가풍은 빙허각의 학구열을 자극했습니다.

# 직접 살림을 일으키다

　빙허각의 행복은 그리 오래가지 않았습니다. 1806년 서유본의 숙부 서형수가 옥사*에 연루되고 말았어요. 이 일로 서형수는 유배를 가게 되었고 집안은 몰락하고 말았어요. 살던 곳에서도 쫓겨나야 했지요.

　'양반이라고 아무것도 안 하면 되겠는가. 집안이 이 지경이 됐으니 직접 나서서 살림을 일으켜 보자.'

　빙허각은 갑자기 들이닥친 불행에 슬퍼하거나 낙담하지 않았습니다. 오

● 서유본의 숙부 서형수가 안동 김씨 가문이 공작한 김달순 옥사 사건에 연루된 일을 말해요.

히려 현실을 담담하게 받아들이고 실학자 집안 사람답게 직접 경제 활동에 나섰어요. 그리고 새롭게 자리 잡은 곳에서 직접 차 농사를 짓기 시작했어요. 양반이란 체면은 중요하지 않았어요. 오로지 집안을 다시 세워야겠다는 생각뿐이었지요.

 농사도 짓고 직접 옷을 지어 입으면서도 빙허각은 공부를 게을리하지 않았어요. 거처를 옮긴 뒤부터 남편 서유본은 줄곧 집안에만 있었는데, 아내 빙허각과 책을 읽고 토론을 하며 많은 시간을 보냈어요. 빙허각에겐

무척 소중한 시간이었어요. 이때 접한 다양한 책은 빙허각이 훗날 책을 쓰는 데 큰 도움을 주었어요.

"부인의 총명함이 너무나 아깝습니다. 글솜씨도 뛰어나니 이참에 책을 한 번 써 보는 건 어떻겠소?"

"그렇지 않아도 틈틈이 글을 쓰고 있습니다만… 여자인 제가 그래도 되는지 염려되옵니다."

"여자라서 안 된다니, 그런 말이 어디 있소. 부인은 잘할 것이오. 내가 지지하리다."

서유본은 여자에겐 금기시되었던 글쓰기를 격려하며 빙허각의 든든한 지원군이 되었어요. 이런 남편의 도움으로 빙허각은 본격적으로 글을 쓰기 시작했습니다.

# 집안의 며느리와 딸에게 주노라

"부인은 옷도 참 잘 만드는구려. 이것도 다 기술이 있겠지?"
어느 날, 손수 옷을 만드는 빙허각을 보고 남편 서유본이 말했어요.
"거창한 기술은 아니지만, 다 순서는 있지요."
빙허각이 부끄러운 듯 웃었어요.
그때 퍼뜩 빙허각의 머리를 스치는 생각이 있었어요.

'옷 만드는 방법을 사람들에게 알려 주면 어떨까? 아녀자라고 모두 옷을 잘 만드는 건 아니니까. 농사 기술이나 가축 기르는 방법 같은 것도 알려 주면 좋겠는걸?'

어려워진 가정 경제를 책임지고 꾸려갔던 빙허각은 자신의 경험을 딸과 며느리, 나아가 조선의 부인들에게 전해 주고 싶었습니다. 그래서 옷 만드는 법부터 농사 기술, 가축 기르는 기술까지 다양한 살림살이 비결을 적기 시작했어요. 자신이 살림을 하면서 겪은 경험과 많은 정보를 조선의 부인들과 함께 나누고 싶었지요. 단순히 경험만을 쓴 건 아니었습니다. 자료 조사도 철저히 하고, 꼭 알아야 할 중요한 내용을 추려냈어요.

"여자들이 많이 읽을 테니까 이해하기 쉽도록 한글로 쓰자."

빙허각은 여자들이 읽는 책인 만큼 이해하기 쉽도록 한글로 작성했어요. 남편 서유본은 틈틈이 그녀의 글을 읽으며 조언을 아끼지 않았어요. 그의 도움 덕분에 빙허각은 자신감을 갖고 집필 활동에 몰두했어요. 당시에는 대부분 백성이 직접 옷을 만들어 입고, 직접 농사짓고 살았기 때문에 의식주는 살아가는데 있어 매우 중요한 문제였답니다. 하지만 남자들은 이런 가정 문제에 관심 갖는 것을 매우 창피하게 여겼어요. 그러다보니 의식주를 해결하는 문제는 자연스럽게 여자들의 몫이 되었지요. 하지만 여성들이 가정에서 하는 일을 정리해 놓은 책은 없었어요. 가정에서 하는 일은 하찮게 여겼기 때문이었지요. 빙허각은 가정 경제의 중요성을 강조하며 가정에서 하는 일들을 체계적으로 정리했어요. 그리고 그녀가 51세 되던 해, 마침내 여성이 최초로 저술한 가정 경제 백과사전이 완성되었습니다.

"정말 대단하십니다. 드디어 책을 완성하셨구려."

서유본은 아내를 존경의 눈빛으로 바라보았어요.

"과찬이세요. 근데 책 제목을 아직 정하지 못해 고민입니다."

"어려울 게 뭐가 있소? 여자들이 알아야 할 덕목과, 정보를 서술한 책이니 《규합총서》라고 하면 어떻습니까?"

"《규합총서》? 오! 제 책에 딱 맞는 이름이네요."

서유본은 빙허각의 책에 《규합총서》라는 이름을 붙여 주었습니다. 규합이란 여성들이 머무는 공간, 혹은 여자들을 지칭하는 말이에요. 총서란 여러 주제를 모은 책이란 뜻으로, 《규합총서》는 여자들이 읽는 가정 경제 전문 서적이란 뜻이었어요.

5 《규합총서》

〈밥 짓고 반찬 만드는 틈틈이 책을 읽으며 그중 중요한 부분을 추려내어 내 생각을 덧붙여 글을 썼습니다.〉

빙허각은 책 서문에 이렇게 적었어요.

《규합총서》는 그 이름에 걸맞게 총 다섯 편의 주제로 구성되었습니다.

1. 주사의: 술, 음식 만들기
2. 봉임칙: 옷 만들기, 길쌈하기, 수놓기
3. 산가락: 밭일하기, 가축 기르기
4. 청낭결: 태교하기, 응급처치하기
5. 술수략: 길흉, 부적, 재난방지법

주사의는 먹고 마시는 것에 대한 내용으로 장 담그기, 술 빚는 법, 밥과 떡, 반찬 등을 만들고 관리하는 방법에 대해 적고 있어요. 봉임칙은 길쌈과 옷 만드는 법을 다루는데 규합총서에서 가장 많은 분량을 차지하고 있습니다. 산가락은 논밭 가꾸기, 꽃과 나무를 관리하는 방법뿐만 아니라 소와 닭 등 가축을 사육하는 방법에 대해서도 다루고, 청낭결은 아이 키우는 요령과 응급상황일 때의 대처 방법 등을 적고 있어요. 술수략은 길흉 점치기, 집에 좋은 기운을 주는 방향 등 나쁜 기운을 막는 방법에 대해 다루고 있습니다.

"쏘가리는 위에 좋지만 둥마루 뼈에 독이 있으니, 뼈를 제거하고 먹어야 한다."

"수박씨를 소주에 잠깐 담갔다가 다시 재에 하룻밤 묻는다. 땅을 크고 넓게 판 뒤 흙과 거름을 섞은 후, 한 구덩이에 4~5개씩 심어라."

《규합총서》는 주제에 따라 나누어져 있었기 때문에 누구나 자신이 필요한 정보를 찾아 읽기 쉬웠어요. 하지만 《규합총서》가 위대한 이유는 따로 있었습니다. 여성의 눈으로 여성들이 가장 많이 접하는 가정생활을 전문적인 책으로 만들었다는 것이었어요. 또 일기처럼 단순히 보고 느낀 것을 적은 게 아니라 자신의 의견을 뒷받침하도록 철저한 자료조사를 거쳤다는 점이었지요.

실제로 빙허각은 조선과 중국의 책 80여 권을 인용했고, 인용할 때마다 책의 이름을 꼭 밝혔습니다. 이런 방식은 당시 실학자들의 연구 방법이었던 고증학에서 영향을 받은 것이었어요. 만약 자신의 의견을 덧붙이거나 새로 추가한 내용이 있으면 새로 입증했다는 표시도 해두었어요. 이는 《규합총서》가 철저한 고증을 통해 완성된 책이라는 점을 알 수 있습니다.

6 가정 경제를 잘 다스려야 나라 경제도 발전한다

　빙허각은 가정 경제를 잘 다스려야 나라 경제도 발전한다고 생각했어요. 단순히 가정 살림살이를 좋게 하려는 목적에 그치지 않고 나라 경제까지 생각했던 빙허각의 큰 뜻을 짐작할 수 있는 부분이지요.

　"돈이 있으면 죽을 사람도 살리는 반면, 돈이 없으면 귀한 사람도 천하게 되고 산 사람도 죽게 한다. 돈만 있으면 귀신도 부릴 수 있다고 하는데, 하물며 사람에게는 어떻겠는가?"

　빙허각은 양반이랑 사회적 신분보다, 돈이 더 중요해진 조선의 변화된 상황을 정확히 알고 있었습니다. 때문에 양반 가문에 기대어 안정을 바라기보다는, 주체적으로 가정 경제를 이끌어 가야 한다고 생각했어요.

남성 중심 사회에서, 여자의 몸으로 체계적이고 이론적인 가정 경제서를 완성할 수 있었던 것은 사회의 금기를 부수고 진취적으로 나아갔던 빙허각의 용기 때문이었어요.

다만 《규합총서》가 여자 독자에게 한정된 점, 그리고 여성이 글을 쓰는 것을 꺼리던 사회 분위기 탓에 빙허각의 소신과 포부를 온전히 밝히지 못했다는 점이 아쉬움으로 남아 있어요.

1822년, 자신의 학문적 동지였던 남편 서유구가 세상을 떠나자, 빙허각은 큰 슬픔에 빠졌어요. 이후 그녀는 머리도 빗지 않고 사람도 만나지 않은 채 남편을 그리워하다 2년 뒤인 1824년 조용히 숨을 거두었습니다. 서씨 집안의 맏며느리로서 굴곡진 인생을 살았지만, 좌절하지 않고 《규합총서》를 완성한 빙허각은 조선 시대 여성 실학자이자, 최초의 여성 경제학자로 이름을 남길 수 있었답니다.

빙허각과 가정 경제

　빙허각은 가정 경제가 잘 이루어져야 나라 경제도 발전할 수 있다고 생각했습니다. 당시에는 옷을 직접 만들어 입거나, 농사를 지어 밥을 해 먹는 등 생산과 소비가 모두 가정 안에서 이루어졌어요. 때문에 의식주를 잘 해결하는 것이 곧 가정 경제가 발전하는 길이었지요.

　가정, 다른 말로는 가계라고도 하는데 가계의 역할은 현대에서도 매우 중요하게 다루어지고 있어요. 가계 경제가 곧 나라 경제에 큰 영향을 미치기 때문이에요.

　현재 우리나라의 경제를 이끌어 가는 주체는 가계, 기업, 정부로 나누어져요. 이들이 곧 경제 활동을 하는 주인공들이지요. 이 세 주체의 경제 활동은 서로 긴밀하게 연결되어 있어요.

　가계는 국민 경제의 가장 작은 단위이자 출발점이에요. 가족 모두가 만족스럽게 사는 것을 목표로 삼지요. 현대의 가계는 조선 시대의 가정처럼 생산과 소비를 동시에 하지는 않아요. 옷을 만들어 입기보다는 온라인 쇼핑몰이나, 백화점 등에서 사 입고, 쌀도 사서 먹고, 책도 사서 읽어요. 배가 아프면 병원에 가서 치료를 받고, 놀이동산에 가서 신나게 놀기도 해요. 또 나라에 여러 명목으로 세금도 내고요. 가계에서는 생산보다 돈을 쓰는 소비가 더 많이 이루어져요. 그래서 가계를 소비의 주체라고도 합니다.

　그렇다고 가계가 생산을 안 하는 건 아니에요. 가정에서 이루어지지 않을 뿐 직장에 나가 일을 하거나, 가게를 운영하는 등 각자 생산 활동에 참여하고 있어요. 그 생산 활동에 대한 대가가 바로 돈이에요.

직장에 다니는 부모님은 매달 일한 대가로 회사에서 월급을 받아요. 만약 땅이 있다면 그 땅을 빌려주고, 그 대가로 돈을 받을 수 있어요. 또 돈의 일부를 은행에 저금하면, 그 대가로 이자를 받을 수 있고요.

만약 가계가 생산 활동에 참여하지 않는다면 어떻게 될까요? 회사에 나가지 않는다면, 가게를 운영하지 않는다면요? 맞아요. 돈을 벌 수 없을 거예요. 그렇게 되면 옷도, 책도 못 사게 돼요. 옷 가게와 서점은 물건이 팔리지 않아 문을 닫아야 할 거예요. 그뿐이 아니에요. 돈이 없으니 정부에 세금을 낼 수도 없어요. 세금을 걷어야 국민들이 필요한 도로, 공원 등도 만들어 주고 어려운 사람도 도울 수 있는데 말이에요.

이처럼 가계가 어려워지면 기업도 정부도 모두 함께 어려워집니다. 가계가 자기 역할을 제대로 해야 나라 경제도 온전히 돌아갈 수 있는 거예요. 가정 경제가 곧 나라 경제라고 주장했던 빙허각의 말처럼 말이에요.

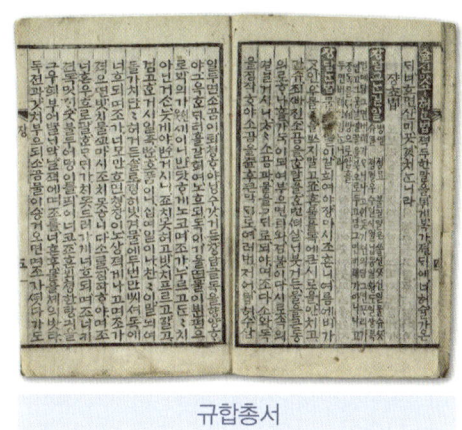

규합총서

조선의 가정 경제학자 빙허각 이씨 53

우리나라의 중앙은행, 한국은행

은행은 대다수의 국민이 이용할 만큼 중요한 금융기관이랍니다. 저금한 사람에게는 이자를 주고 돈이 필요한 사람에겐 돈을 빌려주는 일을 하기 때문이에요.

그런데 은행들에도 은행이 있다는 거 알고 있나요? 이게 무슨 뚱딴지같은 소리냐고요? 수많은 은행 중에서도 중앙은행의 역할을 하는 곳이 있답니다. 바로 한국은행입니다.

한국은행은 1950년 6월에 설립되었어요. 일제가 만든 옛 조선은행 본점 건물에서 처음 일을 시작했지요. 중앙은행은 일반적인 은행과는 달라요. 우리나라의 돈을 관리하는 곳이기 때문에 개인이 가서 저금을 하거나 돈을 빌릴 수 없어요.

그렇다면 한국은행이 어떤 일을 하는지 알아볼까요?

한국은행은 우리나라의 화폐를 만드는 유일한 곳이에요. 때문에 공장에서 돈을 마음대로 찍어낼 수 없어요. 한국은행에서 만든 돈만 사용할 수 있는 거지요. 또 물가가 안정될 수 있도록 돈의 양과 흐름을 조절하는데, 이를 통화량 조절이라고 해요. 돈의 양, 즉 통화량이 많아서 물가가 오르면 한국은행은 이를 막기 위해 시중에 있는 돈을 거둬들여요. 반대로 돈이 부족해 경제가 어려워지면 통화량을 늘려 돈이 돌 수 있도록 만들어요.

한국은행은 개인이 아니라 은행과 정부에게 돈을 빌려주는 일도 해요. 특히 정부는 국민들에게 거둔 세금을 한국은행에 저금했다가 필요할 때 사용하거나, 돈이 부족할 때는 한국은행에서 빌려요. 또 우리나라에 있는 외국 돈을 관리해 외국 돈이 적정하게 쓰이고 들어올 수 있도록 조율하는 역할도 해요.

　이뿐만이 아니에요. 한국은행은 금리 기준을 정하는 일도 하거든요. 금리는 이자를 말하는데, 은행에 돈을 저금하면 이자가 붙게 돼요. 그래서 이자를 많이 주는 은행을 찾곤 하지요. 그런데 A은행과 B은행의 금리가 차이가 많이 난다면 어떻게 될까요? 대다수가 금리 높은 곳을 선택하겠지요? 이런 문제를 예방하기 위해서 한국은행에서는 한 달에 한 번 금리의 기준을 정해 발표한답니다.

한국은행

우리나라 최고 지리경제학자
이중환

1690 ● 출생

1713 ● 24세에 증광시의 병과에 급제하여 관직의 길에 들어섬

1722 ● 병조좌랑에까지 올랐으나 목호룡의 고변으로 구금됨

1726 ● 유배를 떠남

30년간 전국 각지를 돌며 《택리지》 저술

1756 ● 사망

# 1 스스로 방랑자가 되다

"이중환은 어디 있느냐!"

노을이 지는 어스름한 오후, 몇몇 남자들이 집으로 들이닥쳤습니다. 조용하던 집은 금세 소란스러워졌어요.

"무슨 일이냐."

방에서 글을 읽던 이중환은 밖으로 나왔어요. 평온하던 그의 얼굴은 곧 창백해졌어요. 집에 들이닥친 이들은 다름 아닌 의금부● 관헌들이었어요.

"의금부에서 어쩐 일로…"

이중환의 목소리는 가늘게 떨리고 있었어요.

의금부 조선 시대의 사법기관이에요. 중대한 범죄에 대한 재판을 했어요.

"너를 목호룡 사건의 주범으로 체포한다! 당장 이놈을 끌고 가!"

의금부 대장이 크게 소리쳤어요. 그러자 옆에 있던 관헌들이 이중환의 양팔을 붙들었습니다.

"놓으시오! 난 아무 잘못이 없소!"

이중환은 저항했지만 아무 소용없었어요.

스물네 살에 과거에 급제한 후 병조좌랑에까지 올랐던 그의 인생은 이 사건으로 큰 변화를 맞이하게 되었습니다.

이중환이 관직에 나갔을 때는 남인, 소론, 노론 간의 당파 싸움이 매우 치열했던 시기였어요. 당시 경종의 대를 이을 왕자가 없자, 노론은 왕의 이복동생인 연잉군(훗날 영조)을 왕세제로 책봉했어요. 그때 남인 서자 출신의 풍수지관*이던 목호룡이, 노론이 경종을 죽이고 연잉군을 왕으로 추대하려 했다며 고발하는 일이 발생했지요. 이 일로 김창집, 이이명, 이건명, 조태채 노론 4대신이 처형되었고, 약 100여 명의 노론들이 처벌되는 신임사화가 일어나게 되었어요.

이후 영조가 왕으로 즉위하면서, 영조를 왕위에 올리고 권력을 잡은 노론이 목호룡의 처형을 강력하게 주장했어요. 그가 당시 왕세제였던 영조를 모함했다는 이유였지요. 이로 인해 목호룡은 처형되었고 당시 그와 친

풍수지관 좋은 집터, 나쁜 집터를 가려내는 사람이에요.

분이 있었던 이중환에게도 불똥이 튀고 말았습니다.

"네가 목호룡과 함께 주도하여 생긴 일 아니냐!"

"아닙니다! 저는 목호룡과 친분이 있을 뿐입니다!"

"시끄럽다! 너는 노론을 맹렬히 비판하다 처형된 남인, 이잠의 재종손 아니더냐. 그 피가 어디 갈까. 너 역시 노론에 안 좋은 감정을 가진 게 분명하다!"

남인 집안이란 이름표는 이중환에게 불리하게 작용했습니다. 이중환의 집안은 남인 가운데에서도 명문가에 속했지요. 이런 집안의 인재를 제거하는 것은 노론의 권력 유지에도 큰 도움이 될 거였어요.

결국 이중환은 당파 싸움의 희생양이 되어 섬으로 유배를 가게 되었어요. 그리고 몇 년 뒤, 유배지에서 풀려났지만 다시 정치의 길로 들어서지 않았어요. 서로를 죽이는 권력 싸움에 환멸을 느끼고, 스스로 방랑자가 되기로 했지요.

"사대부의 몸으로 벼슬을 하지 못하면 무슨 소용이 있겠는가. 그렇다고 산에 들어가 살기에도 힘든 상황이니… 어디에서도 쉽게 자리를 잡을 수 없구나."

이중환은 살기 위해 이리저리 돌아다녀야 했어요. 정치에서는 큰 뜻을 펼치지 못했지만 명문 사대부가의 후손이라는 명맥은 잇고 싶었습니다. 하지만 정작 어디에 터를 잡고 살아야 할지 결정하지 못했어요. 이때 이중환은 큰 결심을 하게 됩니다.

"그래! 살기 좋은 곳을 직접 찾아다니며 글로 남겨 보자!"

이것이 바로 《택리지》의 시작이었어요.

2 조선의 지리 경제학서, 《택리지》

"어떻게 제대로 된 지리서 하나 없단 말인가!"

책을 읽고 있던 이중환이 책상을 쾅, 치며 소리쳤어요. 그가 읽고 있던 책은 《동국여지승람》이었어요.

"무안에는 목화, 서천은 김, 보은은 대추! 죄다 그 지역의 특산물뿐이로구나. 왜 그 지역에서 이러한 특산물이 잘 나는지 그 지역의 특성을 분석하지는 못하고 말이야!"

이중환은 아쉬운 표정으로 책을 덮었어요.

당시 조선에는 《동국여지승람》과 같은 몇 권의 인문지리서가 있었어요. 하지만 그 지역의 유명한 특산물을 소개하는 것에 그칠 뿐, 왜 그 특산물이 잘 생산되는지 지역의 특성을 분석하지는 못했어요. 이중환은 이를 보완하여 그 지역의 특성을 분석하고, 나아가 농업이 발달한 지역, 상업이 발달한 지역, 국제무역이 발달한 지역의 특성까지 기록한 책을 만들기로 결심했습니다.

"살기 좋은 마을을 기록한 책이니, 고를 택, 마을 리, 기록 지!《택리지》라고 이름 짓자!"

《택리지》는 조선의 지리 경제학서였어요. 지리 경제학이란 학문은 당시에는 매우 생소한 것이었습니다. 하지만 이중환은 지리와 경제가 매우 밀접하게 연관되어 있음을 일찌감치 알고 있었어요. 그리고 이를 이론적으로 정립하기 위해 30여 년 동안 전국 방방곡곡을 돌아다니며 자신이 보고 느낀 것을 기록했어요.

"어디서 오셨소?"

더운 여름날, 한 농촌 마을을 지나가던 이중환에게 농사를 짓던 농부가 말을 걸었어요.

"윗지방에서 내려오는 길입니다."

이중환이 땀을 닦으며 말했어요.

"오늘같이 더운 날 그렇게 걷다간 큰일 나오. 이리 와서 물 한잔 드시고 쉬어가시구려."

농부의 말에 이중환은 버드나무 그늘에 자리를 잡고 앉았어요. 물 한 그릇 마시고 주위를 둘러보니 산이 가로누워있고, 앞에는 깨끗한 개울이 흐르고 있었어요. 논에는 마을 사람들이 협동해 일을 하고 있었어요.

'경치도 아름답고, 농사도 잘되고, 사람들 마음씨도 참 곱다. 참 살기 좋

은 동네야.'

그때 이중환이 무릎을 탁 치며 일어섰어요.

'살기 좋은 곳은, 다름 아닌 이곳이다. 지리, 생리, 인심, 산수 4가지의 조건에 들어맞는 곳!'

이중환은 그길로 집으로 돌아와 글을 쓰기 시작했습니다.

"지리, 생리, 인심, 산수를 기준으로 설정하고 사람이 살기 적합한 지역을 골라 보자. 이름하여 〈복거총론〉!"

〈복거총론〉은 살기 좋은 지역을 선별해 놓은 것으로, 《택리지》의 절반을 차지할 만큼 그 내용이 많았어요. 나머지 부분은 전국을 평안도, 함경도, 황해도, 강원도, 충청도, 경상도, 전라도, 경기도 8도로 나누고 그 지역의 역사적 배경과 출신 인물을 소개한 〈팔도총론〉으로 구성했어요.

이중환은 친족 관계였던 이익의 영향을 많이 받아서, 그에게 배운 8도의 지리와 그 지역의 역사적 배경, 지형, 생활 방식과 자원 등을 《택리지》에 그대로 실어놓았어요. 이로써 〈팔도총론〉과 〈복거총론〉, 총 두 편으로 이루어진 《택리지》가 쓰이게 되었답니다.

# 살기 좋은 땅을 고르다

〈무릇 살 터를 잡는 데는 첫째, 지리가 좋아야 하고, 생리가 좋아야 하며, 다음으로는 인심이 좋아야 하고, 또 다음으로는 아름다운 산수가 있어야 한다. 이 네 가지 중 하나라도 모자라면 살기 좋은 땅이 아니다.〉

지리는 사람이 살기 좋은 자연환경을 말하고 생리는 비옥한 토지나 배와 수레를 이용해 물자를 교류할 수 있는 경제적 요인을 뜻해요. 인심은 그 지역 사람들의 좋은 마음을, 산수는 경치가 좋은 곳을 뜻하지요. 그중 생리는 이중환의 경제 사상을 가장 잘 드러내는 부분이에요.

"사람이 어찌 바람과 이슬만 먹고 살 수 있겠는가. 새 깃털로 몸을 가릴 수도 없는 일. 결국 옷과 음식을 만들어 부모와 처자식을 먹여 살려야 한다. 그래서 돈이 필요한 것이다!"

이중환은 일반 사대부 양반과는 달리 돈, 즉 재물에 대해 남다른 소신을 갖고 있었어요. 도덕을 중시하던 당시 성리학자들이 재물 모으기를 천한 것으로 생각했다면 이중환은 오히려 긍정적인 것으로 받아들여 더 큰 이익을 도모해야 한다고 주장했어요.

"사대부의 입에서 어찌 돈이란 말이 나옵니까! 물건을 팔아 돈을 버는 그런 천박한 짓을 지금 우리보고 하란 소리요?"

"맞소! 사대부의 체면이 있지, 어찌 그런 소릴 함부로 한단 말이오!"

이중환의 주장에 많은 양반이 극렬히 반대하고 나섰어요. 하지만 이중환은 물러서지 않았어요.

"돈이란 것은 땅에서 저절로 떨어지는 게 아닙니다. 땀 흘리고 일하며 스스로 얻으려고 노력해야 한단 말입니다! 양반일지라도 재물을 얻으려면 농업이나 상업을 운영해야 합니다!"

이중환은 자신의 생각을 많은 이들에게 전파하고 싶었어요. 그래서 전국을 돌아다니며 농업이 유리한 지역, 상업이 유리한 지역, 국제 무역이 유리한 지역을 골라 기록하기 시작했지요. 그는 지리와 경제가 잘 어울려야 더 큰 이익을 얻을 수 있다고 생각했어요. 농사꾼은 농사가 잘 되는 지역에 살아야 더 많은 농산물을 얻을 수 있고, 상인은 물건이 잘 팔리는 지역에 가서 살아야 큰 이익을 얻을 수 있다는 거였어요. 그리고 이러한 요건을 가장 잘 충족시키는 지역으로 토지가 기름진 곳을 꼽았어요.

"이곳 남원은 땅이 매우 기름지구나. 땅이 메마른 경상도나, 물이 적은 전라도 해안가와는 확실히 달라."

이중환은 남원과 구례, 성주와 진주를 조선에서 농사짓기 가장 좋은 지역으로 꼽았어요. 그는 토지를 단순히 농작물을 키우고 먹는 수단으로 생각하지 않았습니다. 기름진 토지를 이용해 팔 수 있는 작물을 키우는 것도 대단히 중요하다고 보았어요.

"토지가 기름져야 수확물도 그만큼 많은 법, 여기서 돈을 더 벌려면 인삼이나 담배, 모시 등 상품작물을 재배하는 것도 좋다."

4 배와 수레, 물품이 모이는 곳이 상업의 요충지다!

"자자! 얼른 옮기라고!"

상인들이 배에서 물건을 나르고 있었어요. 한강 나루터에는 밤새 물건을 싣고 강을 건너온 배들로 가득 차 있었어요.

"한양은 활기가 넘치는구나. 바닷길과 한강을 이용해 물자를 운송하니, 배들이 모이기 쉽고 물자도 풍부한 게야. 교역하기에도 좋고. 역시 바닷길을 이용해 강을 따라 내륙까지 물자를 운송할 수 있는 곳이 상업 활동하기 가장 좋은 최적의 장소이다."

이중환은 나루터에 정박한 배들을 보며 생각했어요. 이중환은 배와 수레가 드나들어 물품이 모이는 곳을 지리와 경제가 잘 결합한 상업의 요충지로 꼽았어요. 특히 수레보다 배를 이용해 교역을 하면 더 큰 이익을 얻을 수 있다고 주장했어요. 그래서 육로보다는 바닷길을 이용한 상업 활동을 강조하였지요.

그는 바닷길과 내륙을 이어 주는 강이 있는 병목지가 상업으로 가장 큰 돈을 벌 수 있는 곳이라 생각했습니다. 나주 영산강과 김해 칠성도, 평양의 대동강 모두 바다와 강이 통하는 곳에 자리하고 있어서 교역하기 매우 좋은 지역이지만 그중에서 가장 번성하는 곳은 한양이라고 보았어요. 이런 이유로 이중환은 한강과 서해를 이용해 무역해야 한다고 주장했어요. 하지만 농업과 상업보다 훨씬 더 큰 재물을 얻을 수 있는 건 따로 있다고 보았어요. 바로 국제 무역이었어요.

"그 소식 들었어?"

"무슨 소식?"

장터에서 물건을 파는 상인 두 명이 이야기를 나누고 있었어요.

"짚신 팔던 김 씨 말이야. 개성에 가서 부자가 되었다는군!"

"요새 개성이 뜬다잖아. 중국이랑 가까워 무역하는 무역업자들이 늘고 있대."

이는 사실이었어요. 당시 중국, 일본 등과 국제 무역을 하는 상인들이 점점 많아지고 있었어요. 이중환도 이에 주목했어요.

'중국으로 쉽게 갈 수 있는 지역은 국제 무역으로 큰돈을 벌 수 있어. 바

로 한양, 개성, 평양과 같은 곳이지.'

이중환은 한양, 개성, 평양을 국제 무역하기 매우 좋은 지역으로 선별했습니다. 이들 모두 중국으로 가기 유리한 위치에 있었어요. 실제로 이 지역 상인들은 경강상인, 개성상인, 평양 상인으로 불리며 국제 무역의 상권을 장악했어요.

"이참에 나도 국제 무역이나 해 볼까? 일본도 괜찮다던데."

"그러게. 하루에 그릇 열 개 팔아도 입에 풀칠하기 힘드니 원!"

상인들의 대화를 엿듣던 이중환이 끼어들었어요.

"일본과 무역하려면 경상도 밀양이나 동래로 가십시오. 일본과 가까워 무역하기 매우 좋습니다. 돈을 많이 벌려면 농업보다는 상업을, 상업 중에서는 국제 무역을 하는 게 좋을 것이오."

"오, 그래요?"

"당장 떠나야겠구먼!"

상인들이 들뜬 목소리로 말했어요.

5 백성을 위해 책을 쓰다

《택리지》는 그동안 쓰였던 백과사전식 구성에서 벗어나 지역과 교통, 지리, 문화, 인물, 주거, 인심 등 우리나라를 총체적으로 다룬 새로운 지리서였어요.

〈우리 집안의 이중환이 책을 한 권 편찬하였는데, 사대부가 살 만한 곳을 찾으려는 내용이다. 그 속에는 산맥, 수세, 풍토, 민속, 재물의 생산, 수륙의 운송을 조리 있게 구분하여 기록하였다. 나는 이런 글을 일찍이 본 적이 없다.〉

이익은 조카 이중환을 대신해 《택리지》의 서문을 적어주었습니다. 이중환이 처음 《택리지》를 썼을 때 이익은 원고를 읽고 오류를 잡아주는 등 각별한 애정을 보였지요.

어릴 때부터 총명하여 집안의 기대를 한껏 받았던 이중환은 정치적으로 혼란스러웠던 시대 속에서 자기 뜻을 마음껏 펼치지 못했어요. 그럼에도 자신에게 찾아온 불행에 좌절하지 않고 실학자로서 새로운 학문을 개척해 나갔습니다. 책에만 의지하지 않고 직접 발로 뛰며 관찰한 덕분에 조선 최초의 경제 지리서가 탄생할 수 있었던 거지요.

이중환은 《택리지》를 읽은 사람들이 실제 생활에 참고해 많은 이익을 얻길 바랐어요. 이는 백성들의 삶이 조금이라도 윤택해지길 소망했던 그의 마음이 반영된 것이었어요.

《택리지》는 이후 현대 한국 지리학과 사회학에도 큰 영향을 주었고, 실학서 중 가장 많은 사람이 읽은 책으로 손꼽히고 있습니다.

현대의 《택리지》

이중환은 《택리지》에서 토지가 기름진 곳이 지리와 경제가 결합하는 최적의 장소라고 소개했습니다. 그렇다면 현재 우리가 살기 좋은 지역은 어디일까요? 지금도 토지가 기름진 곳이 지리와 경제가 결합한 최적의 장소일까요?

인간이 경제 활동을 하기 위해 선택하는 장소를 입지라고 합니다. 내가 만족할 수 있는 곳, 이익을 많이 얻을 수 있는 곳으로 살 곳을 정하는 것이지요. 때문에 어떤 경제 활동을 하느냐에 따라서 입지는 다르게 나타나요.

농사를 짓는 사람은 농사짓기 좋은 땅과 알맞은 기후를 선호할 테고 음식점을 하는 사람은 교통이 편리하고, 주택이 많은 지역을 선호할 거예요. 그래야 농사짓는 사람은 수확을 많이 얻을 수 있고, 음식점을 하는 사람은 돈을 많이 벌 수 있으니까요.

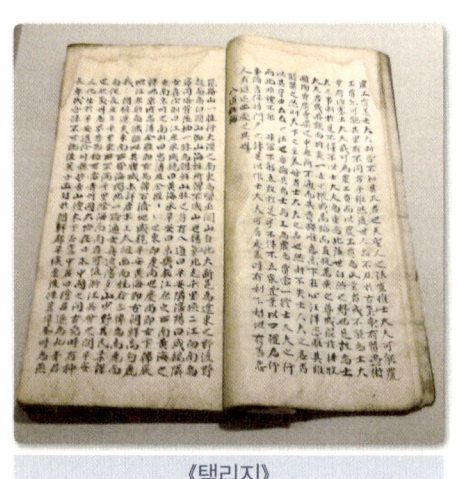

《택리지》

이처럼 입지는 우리가 살아가는 데 큰 영향을 미쳐요. 그래서 어떤 곳에서 살지 신중하게 결정해야 합니다.

과거에는 이중환이 주장한 대로 토지가 기름진 곳이 살기 좋은 곳이었지만 현재는 그렇지 않아요. 조선 시대는 농업사회였기 때문에 자연환경에 큰 영향을 받을 수밖에 없었어요. 지형, 기후, 토지의 비옥도가 매우 중요했지요.

하지만 지금은 지식 정보화 사회로, 4차 산업혁명을 눈앞에 두고 있을 만큼 빠르게 발전하고 있습니다. 농경지 위에 아파트와 공장들이 들어서고, 농부보다는 도시로 출퇴근하는 직장인들이 훨씬 많아졌지요.

이러한 변화로 인해 주거 입지 조건도 예전과는 많이 달라졌답니다. 자연환경보다 인문환경의 영향을 많이 받게 되었어요. 교통이 편리한 곳, 산업이 발달해 일자리가 많은 곳이 살기 좋은 지역으로 손꼽히게 된 거예요. 그래야 일자리 얻기도 쉽고 출퇴근하기에도 편리하니까요.

최근에는 미세먼지와 매연의 영향으로 공원이나, 숲이 있는 주거 환경이 새로운 입지 조건으로 떠오르고 있어요. 집 주변에 공원이나, 나무들이 많으면 운동을 하기에도 좋고 공기도 좋아질 거란 기대 때문이에요. 일명 '숲세권'이라 불리며 집을 고르는 데 중요한 요인이 되고 있습니다.

과거와 현재의 주거 입지 조건은 많이 달라졌지만, 그래도 이 둘은 공통점이 있어요. 내가 이익을 많이 얻을 수 있는 곳이 살기 좋은 장소라는 점이에요.

미래에는 또 어떤 지역이 가장 살기 좋은 장소가 될까요? 미래의 《택리지》도 기대해보자고요!

근로기준법을 준수하라!

"근로기준법을 준수하라!"

1970년 11월 13일, 평화 시장 앞에서 앳된 청년이 목이 터져라 소리치고 있었습니다. 그는 평화 시장 안 피복 공장에서 일하던 노동자 전태일이었어요.

전태일의 표정은 결연했습니다. 모인 사람들도 '우리는 기계가 아니다!'라고 적힌 팻말을 들고 시위에 동참했어요. 시위를 강제로 해산시키기 위해 경찰들이 들이닥쳤어요. 그러자 전태일은 자기 몸에 휘발유를 붓기 시작했습니다. 그리고 불을 붙였어요. 순식간에 시뻘건 불길이 그의 몸을 집어삼켰어요. 불꽃에 휩싸인 채 쓰러지면서도 그는 근로기준법을 지키라고 소리쳤어요. 그리곤 스물두 살의 나이로 숨을 거두고 말았습니다.

전태일은 17세 때부터 평화 시장의 학생복 맞춤 공장에서 일을 한 노동자였어요. 통풍도 되지 않는 좁은 작업장에서 하루 15시간 이상씩 일을 했지요. 공장 안 노동자들의 나이는 대부분 십대들이었어요. 어려운 집안 환경 때문에 학업도 미루고 온 아이들이 대다수였어요. 전태일도 마찬가지였어요. 열심히 돈을 벌어 집에 보탬이 된 후 못다 한 학업을 이어가겠노라 다짐했지요.

하지만 일은 무척이나 고되고 힘들었습니다. 환기되지 않는 어두운 다락방에서 밥도 제대로 먹지 못한 채 일을 해야 했으니까요. 15시간을 일해서 받는 하루 임금은 고작 50원, 차 한 잔 마실 정도의 값이었어요.

전태일은 노동자들이 왜 이런 열악한 환경에서 일을 해야 하는지 의문을 가졌습니다. 그리고 하루빨리 이런 환경이 개선되어야 한다고 생각했어요. 그래서 그는 '바보회'

라는 모임을 만들어 평화시장 노동자들의 노동 환경을 조사하고 우리나라 노동법을 공부하기 시작했습니다. 그러던 중 우리나라 법에 노동자를 보호하고 그들의 기본적인 생활을 보장하는 근로기준법이 있다는 사실을 알게 되었어요. 하지만 대다수의 회사가 근로기준법을 지키지 않고 있었어요.

전태일

"일주일에 하루는 쉴 수 있게 해 주고, 하루 노동 시간을 12시간으로 단축할 것! 노동자들의 임금을 인상하고 건강 검진도 실시하라!"

전태일은 노동청에 자신의 요구사항을 보냈어요. 그리고 근로기준법이 제대로 지켜질 수 있도록 관리감독을 철저히 해 줄 것을 요청했습니다. 하지만 이후에도 변화는 없었어요. 결국 전태일은 아무 도움도 안 되는 근로기준법 책을 불태우고, 직접 시위를 벌이기로 결심했어요. 자신의 죽음이 노동자들의 인권을 향상시킬 수 있다면, 절대 헛된 죽음이 아닐 거라 믿었던 것이지요.

그의 죽음 이후, 사람들은 노동 환경에 대해 관심을 갖기 시작했고, 노동 운동도 활발하게 이루어졌어요. 2천 5백 개가 넘는 노동조합이 만들어지기도 했지요.

전태일의 죽음이 헛되지 않도록, 지금도 많은 이들이 노동자들의 권익을 위해 노력하고 있답니다.

4 유형원
토지 개혁을 주장한 중농학파

1622 ● 서울 출생

1626 ● 5세 때 글을 익힘

1636 ● 병자호란 발발. 가족들과 함께 강원도 원주로 피난을 감

1653 ● 할머니, 어머니, 할아버지 상을 연달아 겪으며 부안 우반동에 은거

1654 ● 진사시에 합격했으나 전국을 유람하며 학문 연구에 몰두

1670 ● 《반계수록》 완성

1673 ● 사망

1 어린 시절의 상처

"과거 시험을 보거라. 너도 이제 출세해야 하지 않겠느냐."

"싫습니다, 할아버지."

깊은 밤, 유형원은 할아버지 앞에 무릎을 꿇고 앉아 있었습니다.

"내 소망은 네가 과거에 급제해 관직에 나서는 것, 그거 하나뿐이다."

단호했던 할아버지의 목소리엔 안타까움이 묻어났어요. 고개를 숙이고 있었지만 유형원의 표정은 흔들림이 없었습니다.

"할아버지, 전 관직에 뜻이 없습니다. 정치할 마음은 더더욱 없습니다."

"그럼 너에게 뜻이 있는 건 무엇이더냐? 과거도 싫다, 관직도 싫다 하니!"

할아버지의 물음에 유형원은 고개를 들었어요.

"학문에 매진하고 싶습니다."

"학문? 유학 경전은 다 공부하지 않았느냐."

"성리학을 공부하고 싶은 게 아닙니다. 조선의 현실을 어떻게 하면 이롭게 바꿀 수 있을지 연구하고 싶을 뿐입니다."

어렸을 때부터 뛰어난 머리로 천재 소리를 듣던 유형원도 관직에 나설 나이가 되었어요. 할아버지는 누구보다 그가 벼슬에 올라 출세하기를 바랐어요.

하지만 유형원의 생각은 달랐습니다. 그는 과거 시험에 전혀 흥미를 느끼지 못했고, 관직에는 더더욱 관심이 없었어요.

'내 아버지가 어떻게 돌아가셨는데…'

밖으로 나온 유형원은 밝은 달을 바라보며 돌아가신 아버지를 떠올렸어요. 너무 어린 나이라 뚜렷하게 기억나진 않지만 아버지를 생각하면 가슴이 아팠어요.

유형원의 어린 시절은 그리 행복하지만은 않았어요. 유형원의 아버지는 유형원이 태어난 지 1년여 만에 광해군을 복위시키려 한다는 누명을 쓰고 감옥에 갇혔어요. 성균관 검열을 맡으며 청렴한 생활을 해 온 그에겐 너무나 억울한 일이었어요. 결국 그는 분함을 참지 못하고 감옥에서 자결하고 말았습니다. 유형원이 두 살 때의 일이었어요.

훗날 아버지의 죽음에 관해 알게 된 유형원은 정치는 절대 하지 않겠다고 다짐했어요.

'과거 시험도, 관직도, 정치도 모두 하지 않을 테야!'

2 조선의 현실과 마주하다

　어린 유형원을 돌봐준 건 외숙부 이원진과 고모부 김세렴이었어요. 외숙부 이원진은 남인이자 실학자인 이익의 당숙이었고, 고모부 김세렴은 사신으로 일본을 방문하는 등 정세에 밝고 학문이 뛰어난 인물이었어요. 이들의 영향으로 유형원은 어린 시절부터 유학 경전은 물론 지리, 법률 등 다양한 분야의 학문을 공부할 수 있었어요. 여덟 살에는 서경과 역경까지 독파했지요.

　유형원이 살았던 시기는 연이은 임진왜란과 병자호란의 발발로 매우 혼란스러웠습니다.

　"얼른 짐을 싸라."

　"네, 어머니!"

　14살 무렵 병자호란이 일어나자, 유형원은 조부모와 어머니를 모시고 피난길에 나섰어요. 전쟁은 죄 없는 많은 사람을 잔혹하게 죽였고, 힘없는 조선은 온갖 치욕을 다 겪어야 했어요.

'이게 다 나라가 힘이 없어서 그런 거야. 강한 나라에 끌려다니고, 죽임을 당하고… 이런 일을 겪지 않으려면 힘을 길러야 해. 강하고 부유한 국가를 만들어야 해!'

유형원은 나라가 부유하고 강해야, 백성들이 고통받지 않는다는 걸 깨달았어요. 이때부터 부강한 나라가 되기 위해선 어떻게 해야 하는지 고민하기 시작했습니다.

그래서 스무 살 무렵에는 남들 다 하는 과거 시험은 제쳐두고 함경감사로 임명된 고모부를 따라 함경도와 평안도 등을 두루 돌아다녔어요.

'왜 조선의 농촌은 가난할까?'
'왜 백성들은 굶주리고 힘들게 살아야 하는 걸까?'

조선 각지를 돌아다니며 유형원이 본 것은 비참한 조선의 현실이었습니다. 당시 백성들은 조선의 수취제도인 삼정의 문란•으로 고통받고 있었어

삼정의 문란 삼정은 조선 후기 세금 제도예요. 토지에 부과되는 세금인 전정, 16세에서 60세까지의 양인 남자가 군대 가는 대신 나라에 냈던 세금인 군정, 봄에 나라에서 곡식을 빌려주었다가 가을에 이자를 붙여 갚게 한 제도인 환곡으로 당시 관리들은 정해져 있는 세금보다 몇 배 이상을 거둬들이며 부정부패를 일삼았습니다. 이를 삼정의 문란이라고 해요.

요. 이로 인해 백성의 삶은 파괴되었고, 삼정을 피해 도망친 백성들은 노비나 도적으로 전락하고 말았지요.

유형원은 이러한 현실에 큰 책임감을 느꼈습니다.

'이대로는 안 돼. 지금의 제도에 문제가 있기 때문에 백성들의 삶도 힘든 거야. 뭔가 큰 변화가 필요해!'

유형원은 속으로 이렇게 생각했어요.

3 《반계수록》을 완성하다

　과거 시험은 절대 보지 않겠다고 생각한 유형원도, 할아버지의 고집을 꺾지는 못했습니다. 차마 할아버지의 뜻을 외면할 수 없었기 때문이었어요. 그는 마지못해 과거 시험을 보았고, 끝내 급제해 진사에 오르게 되었어요. 하지만 진사 자리도 그리 오래가지는 못했어요.

　'할아버지의 소망을 들어드렸으니, 이젠 내가 진짜 하고 싶은 학문을 해 보자.'

　유형원은 이로써 완전히 출세의 길을 버리고, 전북 부안군 우반동으로 거처를 옮겼습니다. 그곳에 반계서당을 짓고 1만여 권의 책을 읽으며 본격적으로 학문에 몰두했어요. 그의 목표는 단 하나, 가난하고 힘없는 조선의 백성을 구제할 수 있도록 체제를 개혁하는 것이었어요. 그때 그의 나이 32살이었습니다.

시골에 묻혀 연구에 연구를 거듭한 유형원은 49세가 되어서야 《반계수록》을 완성했어요. 무려 19년이나 걸린 역작이었지요. 책 제목은 유형원의 호인 '반계'와 수시로 적은 글이라는 뜻의 '수록'을 합쳐서 지었어요.

유형원이 19년간 공부하면서 깨달은 것은 토지 제도가 제대로 서야 한다는 것이었어요. 총 26권으로 이루어진 《반계수록》은 토지 개혁을 다루는 내용이 대부분을 차지할 정도로, 유형원의 의지와 소신이 고스란히 담겨 있는 책이었습니다.

"토지는 천하의 근본이다. 근본이 제대로 서면 모든 일이 잘 풀리고, 제대로 서지 못하면 하는 일마다 혼란에 빠지게 된다. 이로운 일, 해로운 일 모두 토지로부터 나온다."

유형원은 조선의 토지 제도에 큰 문제가 있다고 지적했어요. 제도가 잘못되었기 때문에 백성들의 삶이 힘들어진다는 거였어요.

당시 조선의 농촌은 급격한 변화를 겪고 있었습니다. 이앙법과 같은 새로운 농사 기술의 등장으로 토지 수확량이 증가하였고 황무지를 농사짓는 땅으로 개간하는 기술도 등장했어요. 또 농산물을 키워 먹었던 자급자족 농업에서, 농산물을 판매하는 상업적 농업으로 바뀌고 있었어요. 그로 인해 돈을 많이 번 농민들도 늘어났지요.

　겉보기에는 농촌이 발전하는 것 같았지만 큰 문제는 따로 있었습니다. 재물이 많은 양반이 돈으로 토지를 사들이기 시작한 것이었어요. 이 때문에 토지를 빼앗긴 농민들은 양반들의 토지를 빌려 농사를 짓는 소작농으로 전락하고 말았어요.

　"이보시오! 농사를 짓지도 않을 거면서 뭐 하러 땅을 사들이오? 자고로 토지란 농사를 짓는 사람이 소유해야 하는 것이오!"

토지 개혁을 주장한 중농학파 유형원

울고 있던 아낙을 본 유형원이 양반에게 소리쳤습니다.

토지는 농사를 짓는 사람만 소유해야 한다는 것이 유형원이 주장한 핵심이론이었어요. 그래야 농사지을 땅이 없어 떠도는 농민도 사라지고, 백성의 삶도 안정될 것이라 믿었어요.

당시 김육의 끈질긴 노력으로 대동법이 시행되는 등 경제적 위기를 극복하기 위한 여러 해법이 등장했어요. 하지만 유형원은 토지 개혁이 이루어지지 않는 한 어떤 것도 해결책이 될 수 없다고 생각했습니다. 그리고 이러한 자신의 이론을 《반계수록》에서 자세하게 밝혔어요.

'내 땅이 있어야 든든하게 먹고 살 수 있다. 하지만 농민들이 어찌 땅을 살 수 있단 말인가? 이는 백성 모두에게 토지를 골고루 나눠주면 해결될 일이다. 그뿐인가! 토지에서 얻은 수확물은 세금으로 내니 국가 재정도 튼튼해질 것이다. 토지! 토지 개혁만이 살길이야!'

4 대토지를 몰수해 농민에게 나눠주자!

"나리. 그간 감사했습니다."

한마을에 살던 농사꾼 부부가 유형원을 찾아왔습니다. 옆에는 이제 막 걷기 시작한 아이가 코를 흘리며 서 있었어요.

"어디 가는 겐가?"

"네. 여기서는 더 이상 먹고살 수가 없어서요. 이러다 애마저 굶기게 생겼습니다. 그래서 어디든 먹고살 수 있는 곳을 찾아 떠나려고 합니다. 부디 건강히 잘 지내십시오."

부부가 꾸벅 인사를 하고 돌아섰어요.

'양반의 토지는 끝이 보이지 않을 정도로 많은데 가난한 백성들은 송곳 하나 꽂을 땅도 없다니. 이런 백성이 많아지면 나라 경제뿐만 아니라 국방까지 흔들릴 수 있거늘.'

그들의 뒷모습을 바라보며 유형원은 눈을 질끈 감았어요.

유형원은 조선에 자기 토지를 가진 자영농이 많아지기를 바랐습니다. 그는 양반이 대토지를 소유하고, 백성이 소작농으로 전락하는 현상이 나라를 위태롭게 하는 가장 중요한 요인이라고 보았어요.

"양반의 대토지를 모두 몰수해 국가 소유로 해야 해! 그리고 실제로 농사짓는 농민에게 다시 나누어주면 된다."

유형원은 양반이 개인적으로 소유한 토지를 모두 빼앗아, 일정한 면적으로 나누어 농민들에게 나눠주자는 균전론을 제시했어요. 모든 백성이 최소한의 생계를 유지하고, 세금도 내고, 국방의 의무도 질 수 있도록 골고루, 정당하게 토지를 배분해 주자는 것이었지요.

"자기 땅을 갖고 스스로 자립할 수 있는 자영농을 육성하는 것이 가장 중요한 일이다! 양반이든 농민이든 노비든 상관없이 모두 최소한의 생계를 유지할 수 있는 땅을 균등하게 받아야 해!"

최소한의 생계를 유지할 수 있는 토지로 그가 제시한 것은 땅 40마지기였습니다. 이 정도의 토지 면적이면 스스로 농사지으며 자립해 살 수 있다고 보았어요.

유형원은 잡세도 모두 폐지해야 한다고 주장했어요. 세금이 너무 많아 백성들의 삶이 힘들다는 거였어요. 농민들에게 토지를 분배하고, 세금과 군역의 의무만 지게 하자는 게 그의 생각이었지요.

"뭐요? 토지를 빼앗아? 내 돈으로 내가 산 땅인데 무슨 권리로 빼앗는단 말이오!"

"땅을 사고 싶으면 돈을 가져오면 될 것 아니오! 그들이 가난한 게 우리 탓이오?"

하지만 역시나 양반들의 반발은 거셌어요. 균전론은 이론적으로는 훌륭했지만 양반의 반대로 실제 생활에 적용하기란 불가능했습니다. 이러한 시대적 상황을 유형원도 가뿐히 넘지는 못했어요. 신분질서가 엄격했던 때에, 토지를 균등하게 나누자는 주장은 너무나도 허무맹랑한 이야기였어요.

'양반의 반발이 너무 세구나. 그럼 신분에 따라 차등 분배하는 건 어떨까?'

결국 유형원은 신분에 따라 토지를 차등 분배하는 내용을 덧붙였어요.

"왕족은 10에서 12경, 현직 관리는 품계에 따라 6에서 12경으로 한다. 벼슬이 없는 선비는 2에서 4경, 상공업자에게는 농민의 절반만큼만 토지를 나눠준다. 단, 무당과 여자, 승려에게는 토지를 나눠주지 않는다."

물론 신분 질서를 뛰어넘지 못한 것이 한계점이었지만, 양반이 토지를 무제한으로 소유하지 못하도록 토지 균등 배분을 주장한 것은 그 시대로서는 굉장히 파격적인 것이었습니다.

5 중농학파의 토대를 마련하다

유형원은 중농학파였지만 유일하게 상업의 필요성을 인정한 실학자이기도 했어요. 단, 상업은 농업을 돕고 보조하는 역할에 한정해야 한다고 선을 그었습니다.

"상공업 때문에 농업이 피해를 봐서는 안 된다. 다만 상인과 수공업자에게도 토지를 나눠주어 농업과 상공업이 같이 발달할 수 있도록 해야 한다."

유형원은 상공업의 발전으로 농업이 쇠퇴해서는 안 된다고 생각했어요. 나라의 중심은 오로지 농업이 되어야 한다고 믿었지요. 그래서 국가가 나서 상업을 통제하고 관리해야 한다고 보았어요. 국가가 상설 시장을 세워 통제하고, 상인에게 돈을 빌려주어 상점을 열 수 있도록 하며, 상인들에게도 세금을 걷어야 한다는 구체적 방안을 제시하기도 했어요.

비록 상공업을 농업의 보조적인 역할로 인식했지만, 유형원은 상공업이 농업에 끼치는 긍정적인 영향을 인정했어요. 이는 상공업을 억압해야 한다는 보통의 중농학파들과는 확연히 다른 점이었습니다.

《반계수록》에는 토지 문제뿐만 아니라 교육, 군사제도, 교통 등 국가 체제의 전반적인 개혁안이 담겨 있었어요.

꼭 이루어져야 한다는 그의 열망에도 불구하고, 유형원의 개혁안들은 실현되지 못했어요. 무엇보다 왕의 허락이 중요했기 때문이었어요. 왕조가 바뀌지 않는 이상 유형원이 주장한 개혁안들은 시행되기 어려웠어요.

그리고 100년이 지난 뒤에야 유형원은 새롭게 조명받기 시작했습니다. 《반계수록》도 영조 때 가서야 간행될 수 있었어요. 비록 개혁안은 실현되지 못했지만, 그로 인해 중농학파의 토대가 마련되었고, 정약용과 같은 후대 실학자들이 큰 영향을 받을 수 있었지요.

균전론과 토지공개념

유형원은 양반들의 대토지 소유를 막기 위해 균전론을 주장했습니다. 국가가 토지를 몰수해 국유화한 뒤, 모든 백성에게 골고루 나눠줘야 한다는 것이었지요.

그렇다면 현재 우리 사회에서 토지는 어떤 의미일까요?

토지와 집은 지금도 무척 중요한 문제랍니다. 누구나 내 집, 내 땅을 갖고 싶어 하기 때문이에요. 모든 국민이 골고루 땅을 갖고 있으면 좋겠지만 그것은 불가능해요. 우리는 자본주의 경제 사회이기 때문에 돈이 많으면 더 좋은 집, 더 넓은 땅을 살 수 있어요. 그러다 보니 한 평의 땅도 갖지 못한 사람이 있는 반면, 몇십 평, 몇백 평의 땅을 가진 부유한 사람도 생겨납니다.

이러한 문제를 해결하기 위해 토지공개념 제도를 만들어야 한다는 목소리가 나오기 시작했어요. 토지공개념은 토지를 개인의 소유물로 보지 말고 모든 사람이 공동으로 사용할 수 있는 공공재의 개념으로 봐야한다는 뜻이에요.

우리나라 헌법 제122조에도 국가는 토지소유권에 대해 법률이 정하는 바에 따라 제한과 의무를 가할 수 있다고 규정하고 있습니다. 즉 국가가 공공의 이익을 위해 토지를 소유하거나 사고파는 행위를 적절히 제한할 수 있다는 거예요.

토지공개념의 대표적인 것이 그린벨트예요. 토지 주인이 있더라도 그 땅을 개발하지 않는 게 공공의 이익을 위해 더 좋다면 개발제한구역으로 설정하는 것이지요. 개발제한구역으로 설정된 토지는 공장이나 상가 등 어떤 것도 세울 수 없어요.

토지는 원래부터 자연적으로 만들어진 것이기 때문에 어느 한 사람이 독차지할 순 없어요. 토지도 이러한 개념으로 봐야 한다는 게 바로 토지공개념의 핵심이에요. 토지를 개인의 소유물이 아닌 우리 모두의 것으로 인식해야 한다는 것이지요.

특히 부동산은 일하지 않고 쉽게 돈을 벌 수 있는 특징을 갖고 있습니다. 땅값이 오르면 한꺼번에 몇억도 벌어들이니까요. 그러다 보니 땅이 없는 사람은 상대적으로 박탈감을 느낄 수밖에 없어요. 또 싼값에 땅을 사서 비싸게 파는 부동산 투기도 자주 일어나, 땅값이 오르는 문제점이 발생하기도 해요.

우리나라에서도 토지공개념에 따른 다양한 정책들이 등장했어요. 그중 개발이익환수제가 대표적인 제도예요.

개발이익환수제는 토지를 사서 주택단지를 짓거나 관광단지 등을 조성할 때 땅값이 올라 이익을 얻게 되면 그 이익의 일부를 국가에 세금으로 내는 거예요. 정부는 이익의 일부를 세금으로 받아서 이를 적정하게 분배해요. 개발 행위 때문에 불이익을 당하거나 피해를 본 사람, 지역에 보상을 해 주고, 다른 지역보다 발전이 늦어 소외된 낙후 지역들에는 각종 시설을 설치해 주는 것이지요.

하지만 유형원의 균전론이 그랬던 것처럼, 토지공개념도 찬반이 갈리며 많은 논란을 낳고 있어요. 개인의 이익 추구를 보장하는 자본주의 시장 경제에 맞지 않는다는 이유로요.

자기 이름으로 돈 거래하기! 금융실명제

1992년, 민주자유당의 총재 김영삼이 제14대 대통령으로 취임하였습니다. 최초로 군인 출신이 아닌 민간인 출신의 대통령이 당선된 것이었어요. 때문에 당시 김영삼 정부를 국민이 세운 정부란 뜻의 문민정부라 불렀어요.

문민정부는 오랜 독재 정치를 청산하기 위해 다양한 개혁을 시도했습니다. 그중 대표적인 것이 바로 금융실명제예요. 금융실명제란, 우리나라의 모든 금융 거래를 자기 실제 이름으로 하는 제도입니다. 이 제도가 있기 전에는 금융 거래를 할 때 자기 이름을 쓰지 않아도 되었어요. 누군가에게 돈을 보낼 때 가명을 쓰거나, 다른 사람의 이름을 빌려 쓰곤 했지요. 아예 이름을 적지 않고 거래를 하기도 했어요.

이러다 보니 큰 문제가 생기기 시작했습니다. 깨끗한 돈이 아닌, 불법적인 돈이 암암리에 거래되고 있었던 거예요. 기업의 사장이 정치인에게 뇌물을 주기도 하고, 회삿돈을 몰래 빼돌려 불법 자금을 만들기도 했어요. 실제 이름을 적지 않았기 때문에 불법 자금을 누가 만들고, 보냈는지 알 길이 없었어요.

문민정부는 이러한 문제를 해결하기 위해 1993년 긴급 명령으로 금융실명제를 실시했어요. 앞으로 모든 금융 거래는 거래하는 사람의 실제 이름으로 하라는 것이었어요. 만약 따르지 않으면 법에 따라 처벌을 받도록 했습니다. 이 제도가 발표되었을 때 많은 논란이 있었어요. 하지만 문민정부는 물러서지 않았어요. 이 일이 미리 알려지면 실제 이름으로 거래하지 않은 많은 돈이 은행에서 빠져나갈까 봐 철저하게 보안을 유지했어요. 그리고 모든 준비가 끝난 뒤, 긴급명령으로 금융실명제를 시행했어요.

이 제도는 금융 거래에 큰 변화를 가져왔습니다. 실제 이름을 사용하자 돈의 출처가 분명하게 밝혀졌어요. 누가 돈을 보냈는지, 또 누구에게 어떻게 돈이 이동되었는지 확실히 알 수 있었지요. 때문에 불법 자금을 찾아내기도 수월했습니다. 자신의 이름이 드러나게 되니 불법 거래도 자연스럽게 줄어들었어요.

금융실명제 실시

또 세금이 많이 걷혀, 국고가 탄탄해졌어요. 다른 사람의 이름으로 은행에 저금할 수 없게 되자, 재산을 숨기는 일도 어려워졌어요. 가짜 이름으로 재산을 은닉한 채 세금도 내지 않던 사람들이, 금융실명제 이후부터는 다른 이들과 똑같이 세금을 내게 된 것이지요.

금융실명제의 실시로 부정부패가 감소하자 부동산 거래에도 실명을 사용하자는 요구가 빗발치기 시작했어요. 집이나 땅, 건물 등을 거래할 때도 다른 사람의 이름을 빌리는 일이 빈번했던 거예요. 결국 1995년 7월 '부동산 실소유자 명의 등기에 관한 법률'이 제정되었답니다. 실제 자기 이름으로 집을 사고팔지 않으면 법적 처벌을 받게 된 것이지요.

5 이익

자영 농민의 세상을 꿈꾸다

- **1681** 운산 출생
- **1682** 아버지 이하진이 유배지에서 사망
- **1705** 25세의 나이에 증광문과에 응시하였으나 낙방
- **1706** 둘째 형 이잠이 장희빈을 두둔하는 상소를 올렸다가 옥사함
  이후 낙향해 학문에만 몰두
- **1727** 그의 명성을 듣고 조정에서 선공감(繕工監) 가감역(假監役)을
  제수하였으나 나가지 않음
- **1763** 조정에서 첨지중추부사의 자급을 내렸으나, 그해 사망

1 아버지 같던 형을 잃고

어스름한 새벽, 굳게 닫힌 대문 안에서 조용한 탄식이 흘러나왔습니다. 밤하늘의 별들도 하나둘씩 자취를 감추고 있었어요.

"형님이…"

이익은 입술을 굳게 깨물었어요. 벅차오르는 슬픔에 몸을 가누기도 힘들었지요.

"형님이 정말 돌아가셨단 말이냐?"

이익은 가까스로 입을 열었어요. 소식을 전한 노비의 얼굴은 이미 눈물 범벅이었어요.

"그렇다고 하옵니다…."

"어찌, 어찌 이런 일이!"

이익은 손으로 책상을 내리치며 소리쳤어요.

그날은 이익의 둘째 형 이잠이 처형된 날이었습니다. 노론이 숙종의 맏아들, 경종을 해하려 한다는 내용의 상소문을 올린 게 화근이었어요. 당시 노론의 편에 서 있던 숙종의 심기를 건드렸던 것이지요. 결국 숙종의 분노로, 이잠은 수백 대의 곤장을 맞고 숨졌어요.

이잠은 이익이 가장 좋아하고 잘 따르던 형이었습니다. 이익에게 형은 스승이자, 아버지와도 같았어요. 학문적으로도 영향을 끼쳤을 뿐 아니라 정신적인 버팀목이기도 했지요. 그런 형이 갑작스럽게 죽자, 이익은 큰 충격에 빠졌어요.

이익의 집안은 남인으로, 꽤 알려진 명문가였습니다. 숙종 시절 남인이 대거 숙청을 당할 때, 아버지 이하진도 평안도 운산군으로 귀양을 갔어요. 그리고 그곳에서 이익이 태어났지요. 하지만 아버지는 오랜 시간 이익과 같이 있지 못했어요. 이익이 태어난 후 이듬해에 그만 세상을 뜨고 말았거든요.

그 후 이익은 집안 대대로 살았던 경기도 안산으로 돌아왔어요. 아버지는 일찍 여의었지만 이익은 총명한 아이로 성장했습니다.

'꼭 출세해서 내 이름을 널리 알릴 거야!'

이익은 입신양명●을 목표로 성리학을 공부하기 시작했습니다. 공부는

입신양명 출세하여 이름을 세상에 알린다는 뜻입니다.

스물여섯 살이 될 때까지 계속되었어요. 하지만 이런 이익의 꿈은 둘째 형의 죽음으로 산산이 깨지고 말았어요.

'아버지도 당쟁*이 휘두르는 칼에 돌아가셨는데 형마저 죽다니… 정치를 해서 무엇 하겠는가.'

이익은 정치에 회의를 느꼈어요. 아버지만큼 사랑하고 존경했던 둘째 형마저 당파* 싸움의 희생양이 되자 입신양명의 꿈도 어리석게만 느껴졌어요. 결국 정치에 나가 출세를 하겠다는 이익의 오랜 바람은 끝나고 말았습니다.

당쟁 당파를 이루어 서로 싸우는 일을 말해요.
당파 조선 후기 정치 세력은 노론, 소론, 남인, 북인 등의 당파로 나누어졌어요. 처음엔 서로의 다른 점을 존중하였지만 시간이 흐르면서 서로를 비난하고 모함하며 세력 다툼을 했어요.

2 개혁을 꿈꾸다

형이 죽고 난 후, 청년 이익은 전국을 떠돌아다녔어요. 그리고 백성들의 힘겨운 삶을 목격하게 되었지요. 이때부터 그는 개혁이라는 새로운 꿈을 꾸었어요. 그리고 더 넓은 학문의 세계로 나아가기 시작했습니다.

'성리학이라는 좁은 우물 안에서 과거 급제에만 매달렸던 내가 부끄럽구나.'

그는 고민 끝에 성리학에서 벗어나야겠다고 결심했어요. 그리고 현실 사회를 이해하고 탐구하는 방향으로 학문의 목적을 세웠지요. 그러다 보니 다양한 분야의 독서가 필요했어요.

다행히 이익의 집에는 수천 권의 책이 보관되어 있었습니다. 대부분 아버지가 살아계실 때 청나라에서 구입해 온 책들이었어요. 특히 서학과 과학에 관한 책이 많았어요. 이 책들은 이익에게 배움의 자극을 주었고 새로운 눈을 뜨게 해 주었어요.

'이 많은 책을 읽기만 하면 너무 아까우니, 토론을 해 보자.'

이익은 책을 읽을 때마다 그 내용에 대해 조용히 사색하며 생각을 정리했어요. 그러고는 제자들과 책에 관해 토론하고, 문답하며 학문적 토대를 키워나갔어요.

"자네, 이익 선생이라고 아나?"

"당연하지! 경제뿐만 아니라 문화, 풍속, 지리, 천문, 문학, 음악, 종교 등 다양한 분야의 학문을 연구한 분 아닌가. 걸어 다니는 백과사전이라 불리던걸?"

이익은 당시 학생들에게 인기 만점 선생님이었어요. 이익을 따르는 제자들도 점점 늘어났지요. 한집안 사람인 이중환, 제자 안정복, 정약용이 이익의 영향을 받은 대표적 인물들이었어요.

3 소소하지 않은 글, 《성호사설》

"선생님, 뭘 그리 적으십니까?"

이익의 제자가 넌지시 물었습니다.

"어제 읽은 책의 감상을 적는 것이다."

40대가 되면서 이익은 책을 읽고 느낀 점이나, 제자들과 문답●하며 정리한 내용을 하나둘 기록하기 시작했습니다. 이 작업은 무려 80살이 될 때까지 계속되었어요. 이익의 조카들은 그가 남긴 기록물을 모아 책으로 완성했어요. 그 책이 바로 《성호사설》이었습니다.

이익은 서문에서 이렇게 밝혔어요.

문답 서로 묻고 대답하는 방식이에요.

"내가 이 책을 지은 것에 그리 특별한 뜻은 없다. 나는 매우 한가로운 사람이다. 전기, 문집, 문학, 제자백가서 등 수많은 책을 읽으며 붓이 가는 대로 적어본 것이다. 그런데 이렇게나 많이 쌓여 있을 줄은 몰랐다."

붓 가는 대로 적은 글이라며 그리 대단하지 않은 책이라고 자신을 겸손하게 낮춘 이익. 이런 이유로 책 이름도 자신의 호 '성호'와 소소한 글이라는 뜻의 '사설'을 붙여 《성호사설》이라 지었습니다.

하지만 《성호사설》은 이름처럼 소소하기만 한 글이 아니었어요. 총 30권으로, 당시의 학문과 사상, 실생활에 대한 정보와 지식이 총집합된 위대한 책이었습니다.

4 한전론을 주장하다

　이익이 《성호사설》을 통해 강력하게 주장한 것은 한전론이었어요. 이익의 사상은 중농학파의 시조인 유형원의 영향을 많이 받은 것이었어요. 한전론은 양반들이 대토지를 가지고 있는 것을 비판하고, 직접 농사를 짓는 농민들이 땅을 가져야 한다고 주장했던 유형원의 사상과 맞닿아 있었어요.

　"모든 재물은 토지에서 나오는 것이다. 토지는 나라 경제의 중심이자, 농업 중심의 경제 체제를 유지하는 데 가장 중요한 요소이다. 따라서 토지 문제를 개혁의 가장 핵심적인 가치로 보아야 한다."

　이익은 토지가 나라 경제의 중심이라고 생각했습니다. 실제 농사를 지어 본 경험이 있어서 더 절실하게 느꼈지요. 그는 백성들이 안정된 삶을 유지하려면 토지를 통해 자급자족˙할 수 있어야 한다고 보았어요. 하지만 토지를 개인이 소유하는 것은 옳지 못하다고 덧붙였습니다.

"개인이 토지를 소유하기 때문에 싸움이 나고, 혼란스러워지는 것이다. 토지를 많이 소유한 사람과, 토지가 없는 사람이 한 나라에 같이 존재하는데 어떻게 나라가 평화로울 수 있겠는가? 그렇다고 대토지를 소유한 사람의 땅을 빼앗아 토지가 없는 가난한 사람에게 주면, 그게 옳은 일이라 할 수 있을까?"

이익은 모든 토지는 임금의 것이라고 보았어요. 백성들이 국가 소유의 토지를 강제로 차지했을 뿐, 토지는 엄연히 개인이 아닌 국가의 것임을 강조했어요. 하지만 당시 조선의 상황은 그렇지 않았습니다. 재물이 많은 양반가를 중심으로 대토지 소유가 만연하고 있었어요. 빚을 갚지 못한 농민에게 빚을 탕감해 주는 대신 땅을 빼앗는 일도 부지기수˙였어요.

"우리 토지를 빼앗아 농민들에게 나눠주겠다고? 그랬다간 우리 양반들이 가만있지 않을 것이오!"

"맞소! 아무리 임금님의 뜻이라고 해도 절대 용납할 수 없소이다!"

> **자급자족** 필요한 물자를 스스로 생산하고 사용하는 것이에요.
> **부지기수** 헤아릴 수 없을 만큼 많다는 뜻이에요.

이익은 부자들의 토지를 빼앗아 농민들에게 나눠주는 것은 근본적인 해결책이 될 수 없다고 판단했습니다. 오히려 부자들의 반발만 높아져 나라가 혼란에 빠질 것이라 예상했지요.

"부자들의 심기를 건드리지 않는 선에서 토지 개혁을 해야 해. 대토지 소유로 인한 폐해는 당연히 없어져야 할 일이지만, 그렇다고 부자들의 땅을 빼앗아서는 안 돼."

이러한 고민 끝에 나온 이론이 바로 한전론이었습니다.

이익이 부자들을 쉽게 내치지 못했던 것은 그들이 정치적, 경제력으로 권력을 독점하고 있었기 때문이에요. 권력층을 무시한 토지 개혁은 성공하지 못한다고 확신한 것이지요.

'이러면 어떨까? 한 가구당 최소한의 생활을 할 수 있는 토지를 주고 절대 팔지 못하게 하는 것이다. 그럼 땅이 없어 배를 곯는 백성은 없지 않겠는가!'

이익은 무릎을 탁 쳤어요. 부자들의 토지를 빼앗지 않아도, 농민들의 최저 생계를 보장해 줄 수 있는 제도였으니까요.

이익은 한 가정이 생활을 유지하는 데 필요한 일정한 면적의 토지를 영업전으로 정한 뒤, 법으로 그 토지의 매매를 금지해야 한다고 주장했습니

다. 또 나라에서 정한 영업전보다 땅이 많은 사람은 땅을 팔 수는 있을지언정, 새로 사지는 못하도록 규율을 만들었어요. 반대로 땅이 적은 사람은 나라에서 정한 면적만큼만 땅을 살 수 있었어요. 만약 영업전의 면적을 넘는 토지를 갖고 있다 해도 강제로 빼앗지 못하고, 면적에 미치지 못한다고 해도 토지를 더 주지 않도록 했어요. 또 영업전 이외의 토지는 사고파는 것을 허용하되, 한계선을 정해 대토지를 소유하지 못하도록 방지했어요.

'한 가구가 소유할 수 있는 영업전은 100묘●로 제한하면 좋을 것이다. 대부분 땅을 파는 사람들은 가난한 자들이니, 팔지 못하도록 한다면 부자들도 더 이상 땅을 늘리지 못할 것이고, 여기에 덧붙여 부자들의 대토지 소유를 제한한다면 토지는 농민에게 공평하게 돌아가게 될 것이다.'

이익은 농민에게 영업전을 제공하고, 부자들의 대토지 소유를 제한한다면 빈부격차도 점차 줄어들 것이라 확신했습니다.

한전론은 농민이 먹고 살 수 있을 만한 토지의 최저선을 한정해 최저 생계를 보장하는 데 중점을 둔 개혁이었어요. 그래서 이름도 한계를 의미하는 '한'자를 붙여 한전론이라 지었지요.

그는 급진적인 개혁보다는 실현 가능한 개혁에 목표를 두었습니다. 조금 늦더라도 부자와 가난한 사람 모두가 받아들이는 개혁이어야 한다고 생각했어요.

100묘 1묘는 대략 200평이에요.

5 농업은 장려하고 상업은 억제하라

"선생님. 요즘 시장이 발달하고, 물건을 파는 상인들이 늘고 있는데, 어찌 생각하시는지요."

볕 좋은 어느 봄날, 평상에 앉아 책을 읽던 제자가 이익에게 물었어요.

"상공업을 절대 해선 안 되는 일이야. 백성의 삶을 안정시키고 부유하게 하는 일은 오직 농업뿐이니라."

유형원의 사상을 계승한 이익이었지만 상업에 대한 생각은 완전히 달랐습니다. 그는 18세기 실학자 가운데 상공업을 가장 부정적으로 바라본 사람이었어요. 상공업이 발전하면 할수록 농업은 황폐해진다고 주장했지요.

"농민은 일 년 내내 쉬지 않고 열심히 일하는 데도 항상 가난하다. 그런데 상인은 어떠한가? 그들은 하루만 일해도 닷새 동안 먹고 살 수 있다. 이런 이유로 농사를 싫어하고 상업을 숭상하는 이들이 점점 많아지는 것이야."

이 땅의 재물은 모두 토지에서 나온다고 믿었던 이익은 나라를 부강하게 하고, 백성의 삶을 안정시키려면 농사를 장려하고 상업은 억제해야 한다고 주장했어요.
"상업을 억제하는 방법이 있는 것입니까?"
제자가 물었어요.

"화폐! 화폐를 없애야 한다. 상업을 하는 이유가 무엇이냐? 너도나도 화폐를 벌어들이기 위함이 아니더냐. 화폐 때문에 농사도 내팽개치고 상업에 매달리는 것이니라. 화폐를 없애면 상업이 활발히 돌아가지 못할 것이다."

이익은 상업이 발달하는 이유가 화폐를 사용하기 때문이라고 지적했어요. 예전보다 사치가 늘고 낭비를 하는 일이 빈번해지는 것도 다 화폐 때문이라고 보았지요. 이런 일이 계속되면 나라와 백성 모두 가난해지고 황폐해지리라 생각했어요.
그래서 이익은 화폐를 없애야 한다고 강력히 주장했어요. 또 시장의 수도 대폭 줄이고, 시장이 열리는 날도 나라에서 조정할 필요가 있다고 보았어요.

"시장이 열리면 농사는 제쳐두고 그곳에서 노닥거리며 시간이나 허비하고 있다. 한 달에 6일만 시장이 열리게 하고, 그 외에는 농사에 전념하도록 해야 한다."

상공업의 역할을 긍정적으로 보고 화폐 유통을 적극적으로 권장했던 유형원에 비해 이익은 상공업에 대해 굉장히 부정적이었습니다. 하지만 유

형원의 토지 개혁론을 이어받아, 좀 더 진보한 이론으로 토지 문제를 해결하고자 했다는 점에서 큰 의미가 있어요.

이외에도 노비제도를 폐지하고 양반도 생산에 참여해야 한다는 등 당시로써는 굉장히 혁신적이고 파격적인 주장을 내놓기도 했어요.

이익의 사상은 이후 중농학파 실학자들에게 엄청난 영향을 주었습니다. 그의 이론을 한 단계 더 발전시킨 사람이 바로 다산 정약용이었어요.

이익은 1793년 영조에 의해 정3품 첨지중추부사에 제수되었어요. 하지만 그해 12월 83세의 일기로 세상을 뜨고 말았답니다. 나라의 백성 모두가 평등하게 잘 사는 세상, 자기 땅에서 농사짓는 농민이 많아지는 세상을 꿈꾸며 말이지요.

한전론과 국민기초생활보장제도

이익은 한 가정이 생활을 유지하는데 필요한 일정한 면적의 토지를 영업전으로 정한 뒤, 법으로 그 토지의 매매를 금지해야 한다는 한전론을 주장했어요. 여기서 영업전이란 기초적인 삶을 유지하는 데 필요한 최소한의 토지예요. 농민들이 굶어 죽지 않도록 최소한의 생계를 보장해주자는 것이었지요.

지금 우리 사회에도 이와 비슷한 제도가 있답니다. 바로 국민기초생활보장제도예요.

국민기초생활보장제도는 생활이 어려운 사람에게 일정 규모의 돈을 지급해 이들의 최저 생활을 보장해주는 사회보장제도입니다. 한 사람이 일해 번 돈이 국가가 정한 기준에 미치지 못할 정도로 적으면 생계유지가 어렵다고 보기 때문에 이들이 기초적인 생활을 할 수 있도록 지원하는 거예요.

아플 때 병원에 갈 수 없고, 배고플 때 밥을 먹을 수 없고, 공부하고 싶을 때 수업을 받지 못한다면 어떻게 될까요? 지금 우리는 쉽게 할 수 있는 일일지 몰라도 돈이 없는 사람에게는 무척 어렵고 힘든 일이랍니다. 때문에 이들을 도와주는 제도가 만들어지게 된 거예요.

1997년, 우리나라는 외환위기로 큰 어려움을 겪었어요. 수많은 기업이 문을 닫았고 실업자가 대량으로 쏟아져 나왔지요. 노숙자가 늘어난 것도 이 시기였어요. 경제적으로 어려운 빈곤층이 늘어나자, 여기저기서 빈곤층의 인간다운 삶을 보장해야 한다는 목소리가 나오기 시작했어요. 최소한 밥이 없어서 굶어 죽거나, 돈이 없어 병원에 못 가는 일은 없어야 한다는 것이었지요.

결국 1999년 국민기초생활보장제도가 제정되었고 2000년 10월 1일 시행되었습니다. 이후로 많은 경제적 약자들이 최소한의 생활을 보장받게 되었어요. 어려운 사람에게 돈을 지급하는 것뿐만 아니라, 스스로 돈을 벌어 생활할 수 있도록 자립을 돕고 의료와 교육 등 다양한 지원을 제공하고 있지요.

2019년 1월 국민기초생활보장 부양의무자 완화 안내

국민기초생활보장제도는 이처럼 경제적 약자를 방치하지 않고 국가가 적극적으로 개입해 도와줌으로써 인간다운 삶을 살 수 있도록 보장해 주는 데 그 의의가 있습니다. 최소한의 토지를 백성에게 지급해 최저 생활을 보장해줘야 한다고 주장했던 성호 이익의 사상처럼 말이지요.

경제협력개발 기구 가입하다!

　　OECD는 'Organization for Economic Co-operation and Development'의 약자로, 경제 협력 개발기구란 뜻이에요. 세계 경제의 협력을 위해 만들어진 국제기구이지요. 1961년 창설되어 미국, 캐나다, 유럽 국가 등 20개국이 회원국으로 참여했어요. 그 후 일본, 호주가 추가로 가입하게 되었고요. OECD의 가입국 대부분은 경제 성장을 이룬 선진국들이었어요.

　　1996년, 우리나라는 OECD에 가입했습니다. 가입과 동시에 스물아홉 번째 회원국이 되었지요. 당시 우리나라는 높은 경상수지 흑자를 기록하고 있었어요. 그전에는 다른 나라 제품으로부터 우리나라 제품을 보호하며 수입에 제한을 두었지만 이제는 그럴 필요가 없었어요. 어떤 나라 물건이 수입되어도, 어떤 나라와 무역을 해도 당당히 겨룰 수 있을 만큼 발전돼 있었지요. 이는 전쟁 이후 좌절하지 않고 온 국민이 힘을 모아 경제 성장을 이룬 결과였습니다.

　　OECD는 경제 성장과 개발도상국의 원조, 그리고 무역 확대를 목표로 운영되고 있어요. 세계 경제가 안정적으로 운영될 수 있도록 돕고, 경제 발전 중인 개발도상국들의 생활 수준 향상과 안정을 위해 노력하고 있지요. 또 무역을 확대함으로써 각 나라의 경제 성장, 나아가 세계 경제가 발전하는 데 큰 힘을 쏟고 있어요.

　　당시 우리나라 국민들은 OECD 가입을 무척 환영했습니다. 비로소 선진국의 반열에 올라섰다고 무척 기뻐했어요. 하지만 OECD 가입 절차는 무척 까다로웠어요. OECD 회원국이 되려면 먼저 국제통화기금인 IMF와 관세 및 무역에 관한 일반협정 기구인

GATT로부터 인정을 받아야 했어요. 다른 나라와 외환, 무역을 자유롭게 할 만큼 경제가 튼튼한지 판단이 필요했던 거예요. 하지만 이미 상당한 경제 성장을 이룬 터라 어느 정도 자신감이 있었어요.

1995년 3월 우리 정부는 OECD에 가입신청서를 제출했어요. 여기에 가입하면 선진국으로 인정을 받는 것과 다름없었기 때문에 국민들은 승인이 나기만을 기다렸어요.

그리고 1996년 10월 11일, 마침내 OECD 회원국으로 가입할 수 있다는 승인을 받게 되었습니다. 온 국민이 이제 우리도 선진국이 되었다며 무척 기뻐했어요. 하지만 우려의 목소리도 적지 않았답니다. 세계 경제 침체로 국내 경제 역시 안 좋은 상황에 놓여 있었거든요. 물가 상승으로 시장은 불안정해졌고, 수출이 감소하면서 무역수지도 적자를 기록했어요. 이런 상황에서 OECD에 가입해 우리의 자본 시장을 개방한다면, 국내 경제는 더욱 나빠질 것이라는 게 반대의 이유였어요.

하지만 정부는 OECD 가입을 추진했습니다. 그리고 1996년 12월 12일, 29번째 정식 회원국이 되었어요. 이로 인해 대한민국을 전 세계에 알림은 물론, 국제 사회에서 한국의 신용도도 높아지는 계기가 되었답니다.

6 청나라의 문물을 수용하자!
박지원

1737 ● 서울 출생

1766 ● 실학자 홍대용을 만남. 서양의 신학문을 접하게 됨

1768 ● 백탑(白塔) 근처로 이사를 가게 되면서 박제가, 유득공 등과
 이웃하며 학문을 교류함

1780 ● 팔촌형 박명원을 따라 청나라에 감
 귀국하여 《열하일기》 집필

1786 ● 왕의 명으로 선공감 감역이 됨

1792 ● 안의현감에 임명

1805 ● 사망

 # 1 낙타보다 더 신기한 청나라

"음…"

말 위에서 잠이 든 박지원이 가만히 눈을 떴습니다.

"일어나셨습니까. 많이 피곤하시지요?"

말고삐를 잡고 걷던 하인이 박지원을 향해 물었어요.

"깜빡 잠이 들었구나. 잠든 사이 무슨 일은 없었느냐?"

"네. 없었습니다. 아, 그런데 조금 이상한 것을 보았습니다요."

하인은 갑자기 생각났다는 듯, 목소리를 낮추며 말했어요.

"이상한 것이라?"

"네. 아무리 생각해도 참 이상합니다. 그것이 어떻게 생겼냐 하면, 말 같기도 하고 소 같기도 한 데, 발굽이 두 개라 말은 아닌 것 같고 머리에 뿔도 없으니 소도 아닌 것 같고. 근데 더 이상한 것은 등에 이만한 봉우리

두 개가 불쑥 솟아 있는 거 아니겠습니까!"

하인은 입에 침을 튀겨 가며 자신이 본 것을 묘사하기 시작했어요. 그 말을 들은 박지원은 아쉬운 표정을 지었어요.

"네가 본 동물이 아무래도 낙타 같구나. 만약 또 희귀한 것이나 난생처음 보는 게 있으면 내가 뭘 하고 있든 제일 먼저 알리 거라."

"예, 나리."

박지원의 앞뒤로 사신 일행이 줄지어 가고 있었어요.

"아직 심양인 게지?"

"예, 조금만 더 가면 산해관이 나온다고 합니다."

하인의 말에 박지원은 다시 눈을 감았어요.

'산해관만 지나면 연경에 도착하겠구나.'

박지원은 청나라 사신단 수행원으로 연경베이징에 가는 길이었어요. 그가 청나라에 갈 수 있었던 건 팔촌 형님인 박명원의 도움이 컸어요. 청나라 건륭 황제의 칠순 축하 사절단으로 가게 된 박명원이 박지원을 자신의 수행원으로 추천한 것이었어요.

그에 앞서 제자이자 중상학파의 동지인 박제가가 청나라를 다녀온 후였어요. 그가 다녀온 지 2년 만인 1780년, 박지원도 청나라 길에 오른 것이었지요.

연경으로 가는 길은 멀고 험준했지만, 한 번도 보지 못한 낙타를 볼 수도 있는 신기한 길이기도 했습니다. 하지만 박지원은 이후에도 낙타를 보지 못했어요. 대신 그는 낙타보다 훨씬 새롭고 놀라운 것들을 보았어요.

2 오랑캐 나라라도 배울 게 있으면 스승으로 섬겨라

박지원은 중상학파의 핵심 사상가였습니다. 청나라에 다녀오기 훨씬 이전부터 그는 조선의 개혁 문제에 큰 뜻을 두고 있었어요. 하지만 문과 1차 시험에서 장원에 오르고도 벼슬길에 나서지 않았어요. 부정부패로 얼룩진 과거 제도에 회의를 느끼고 정치적 출세의 뜻을 완전히 접었지요. 그때 그의 나이 35세였어요.

이후 박지원은 은둔하다시피 하며 학문과 저술에 전념하기 시작했습니다. 홍대용, 박제가, 유득공, 이덕무 등 자신과 뜻이 맞는 중상학파, 즉 북학파 동지들과 연구하고 토론하는 일에 집중했어요. 토론의 주제는 항상 같았어요. 바로 북쪽에 있는 청나라의 선진 문명과 과학기술을 받아들여야 한다는 것이었어요.

'청나라의 모습을 직접 볼 수 있다면 얼마나 좋을까?'

박지원은 청나라에 가서, 자신이 열심히 공부하고 연구한 북학의 큰 뜻을 직접 확인하고 싶었습니다. 그러던 중 청나라 건륭 황제의 생일을 맞아 조선의 사신이 연행으로 떠나게 되었고, 박지원도 운 좋게 합류할 수 있게 되었어요.

박지원에게 연행 길은 매우 중요한 기회였습니다. 단순한 여행이 아니었어요. 청나라는 자주 갈 수 있는 나라가 아니었기 때문에 이번 기회에 많은 것을 보고, 듣고 느껴야 했어요. 조선을 어떤 방향으로 개혁을 해야 하는지, 조선의 경제 활동을 어떻게 바꿔야 하는지 구체적인 방법을 배워 오겠노라 다짐했지요.

하지만 당시 조선의 지배 계층이었던 성리학자들의 생각은 달랐어요. 그들에게 청나라는 그저 오랑캐인 여진족이 세운 야만적이고 천한 나라에 불과했어요.

1636년 병자호란 때 인조가 청 황제에게 굴욕적인 항복을 한 이후부터 조선의 지식인들은 청나라를 원수로 삼았어요. 청나라는 조선이 정벌해야 할 나라였지, 무엇을 본받아야 할 나라가 아니었어요.

"오랑캐 나라에 학문을 배운다는 건 부끄러운 짓이오!"

"청나라에 당한 치욕을 어찌 잊겠소! 하루빨리 청나라를 정벌하러 갑시다!"

성리학자들은 청나라를 정벌해야 한다는 북벌론에 사로잡혀 나날이 발전하는 청나라의 진짜 모습을 외면했습니다.

청나라는 그들이 생각하는 것보다 훨씬 더 강한 나라였어요. 경제력은 물론 군사력, 과학기술, 선진 문명까지 보유한 강대국이었지요.

'과거에 사로잡혀, 무섭도록 발전하는 청나라를 배척하는 게 과연 옳은 일인가. 이런 풍조가 조선을 더욱 가난하게 만들고 있다는 걸, 그들은 정녕 모른단 말인가?'

박지원은 조선이 성장하려면 반드시 청나라를 본보기로 삼아야 한다고 생각했습니다. 설령, 그들이 오랑캐 나라라고 할지라도, 배울 게 있으면 그들을 스승으로 섬기고 배워야 한다고 주장했어요.

3 이용후생의 사상을 확립하다

　오랜 시간이 걸려 사신단 일행은 베이징에 도착했습니다. 하지만 황제는 그곳에 없었어요. 이미 열하에 있는 자신의 별장으로 떠난 뒤였지요. 열하는 몽골과 티베트로 연결되는 전략적 요충지로, 연경에서 420리나 떨어진 곳에 있었어요. 황제의 생일 전에 도착하기 위해 사신단은 잠도 못 자고 열하로 달려갔어요.

　박지원은 3,000리 가까운 길을 여행하면서 청나라의 모습을 두루 살펴볼 수 있었습니다. 사람들이 굽이굽이 펼쳐진 산이나, 광활한 대지를 보고 감탄할 때 그는 조선 백성에게 필요한 기술이나 아이디어를 찾느라 고심했어요.

　"아우, 냄새!"

　작은 마을을 지나가던 중 하인이 코를 막고 소리쳤어요.

"저거 똥 아닙니까?"

하인이 한 농부를 가리키며 물었어요.

"잠깐 멈춰 보거라."

박지원은 말에서 내려 농부가 일하는 밭으로 걸어갔어요. 가까이 가자 똥 냄새가 진동했어요. 농부는 똥을 퍼서 밭에 뿌리고 있었어요. 이를 본 박지원은 깜짝 놀랐어요.

"똥을 밭에 뿌려 거름으로 쓰는구나."

놀란 것은 똥뿐이 아니었어요.

"나리! 깨진 기와 조각을 벽에 붙이고 있습니다요!"

하인의 말에 뒤를 돌아보니, 한 아낙이 깨진 기와 조각으로 벽을 꾸미고 있었어요.

"청나라 사람들은 깨진 기와 조각이나 버려진 똥도 함부로 하지 않는구나. 기와 조각으로는 담벼락을 꾸미고, 똥은 거름으로 활용하다니!"

조선에서는 하찮게 여겨 쓰지 않는 것인데, 청나라 사람들은 기와 조각과 똥을 실생활에 활용하고 있었어요.

"청나라가 조선보다 잘 사는 비결은 바로 기와 조각과 똥에 있다. 하찮은 물건도 철저히 활용하는 실용 정신! 그게 우리 조선이 본받아야 할 가장 중요한 점이다!"

　박지원은 버려진 물건을 철저히 활용하는 실용 정신이야말로 우리가 배워야 할 기술이라고 주장했어요. 그의 사상에 핵심이자, 근본인 이용후생은 바로 이렇게 탄생하게 되었어요.

4 조선 최고의 베스트셀러, 《열하일기》

　이용후생은 산업과 경제를 잘 다스려 백성의 삶을 풍요롭게 하고 윤택하게 한다는 사상이었어요. 박지원은 이를 실현하기 위해 과학기술을 도입하고 경제 체제의 개혁을 이루어야 한다고 주장했어요.

　약 5개월간의 여정을 마치고 조선으로 돌아온 박지원은 청나라에서 보고 듣고 느낀 것을 기록하기 시작했습니다. 날짜 순서에 따라 항목별로 경제와 사회 제도, 의술, 천문학, 음악 등 청의 문물에 대해 두루 적어놓았어요. 그렇게 해서 완성된 책이 바로 《열하일기》였어요.

　"자네, 《열하일기》 봤나?"

　"당연히 봤지! 그거 읽느라 밤새는 줄도 몰랐다네."

　"구하고 싶어도 구할 수가 없어. 어찌나 인기가 많은지!"

　《열하일기》는 완성본이 나오기도 전에, 전국에 필사본이 돌 정도로 인기가 많았습니다. 지금으로 따지면 당시 최고의 베스트셀러였지요. 《열하일기》를 본 사람들은 큰 충격에 빠졌어요. 그도 그럴 것이 그 책에는 자신들이 알지 못했던 청나라의 새로운 모습이 많이 담겨 있었어요.

"집은 벽돌로 담을 쌓는다. 곧게 뻗은 네거리에는 사람이 탄 수레와 짐을 실은 수레가 많이 지나다닌다. 청나라 끝 변두리 마을인데도 전혀 시골처럼 보이지 않는다."

박지원은 조선이 반드시 배워야 할 것으로 벽돌 기술을 꼽았습니다. 조선은 성을 쌓을 때 큰 돌을 사용했는데, 옮기기가 힘들어 많은 인부가 필요했어요. 또 시간도 오래 걸렸지요. 하지만 벽돌을 찍어서 올리면 노동력도 감소하고, 시간도 많이 절약할 수 있었어요.

"벽돌은 한 틀에서 만들어 뽑기 때문에 길이와 두께가 일정하다. 벽과 천장에 진흙을 바르는 우리나라와는 대조적이다."

박지원은 수레의 필요성도 강조했습니다.

"이 지역에서는 흔하게 볼 수 있는 물건이, 다른 지역에서는 이름도 들어보지 못한 생소한 물건이 되기도 한다. 물건을 멀리 운반할 수단이 없기 때문이다. 이것이 조선의 현실이다. 이를 해결하려면 수레를 사용해야 한다. 수레는 멀고 험한 곳에서도 사용할 수 있다. 또 수레를 이용하면 교통로도 발달하고, 상업도 발전하게 된다."

박지원은 물자가 원활하게 유통되어야 경제가 발전할 수 있다고 보았습니다. 그러기 위해서는 물자를 먼 곳까지 이동시킬 수 있는 수단이 필요했어요. 그는 청나라의 경제가 발전하는 것은 수레를 사용하기 때문이라고 생각했어요.

수레와 더불어 선박의 중요성도 강조했어요. 선박을 잘 활용하면 일본, 청과도 해외 무역을 할 수 있을 거라 보았지요. 그래야 물자의 유통이 활발해져 조선의 상업도 발전할 수 있다고 주장했어요.

5 상업의 자유를 보장하라

박지원은 농업만큼 상업도 중요하다고 생각했습니다. 특히 상업의 자유와 상공업의 진흥을 지속적으로 주장했어요. 박지원이 중상학파로 분류되는 것도 이런 이유 때문이에요.

박지원은 나라가 지나치게 시장에 개입해서는 안 된다고 보았어요. 오히려 상업 활동의 자유를 방해해 시장이 정상적으로 운영되지 못할 수 있다고 우려했지요.

"곡물을 매점매석하는 사람들 때문에 곡물 가격이 하루가 다르게 올라가고 있소. 백성들의 불만도 날로 심해지고 있다 들었소이다. 그래서 시중 곡물 가격을 내리고 매점매석을 막으려고 하는데, 경들의 생각은 어떻소?"

당시 곡물 가격의 폭등 문제로 조정은 골머리를 앓고 있었어요. 그래서

강제로 곡물 가격을 억제하는 방안을 내놓았지요. 하지만 박지원의 생각은 달랐어요.

"전하! 조정이 곡물 가격을 억제한다면 서울의 상인들은 곡물을 다른 곳으로 가져갈 것입니다. 또 매점매석을 막는다면 전국의 곡물 상인들이 다시는 서울로 들어오지 않을 것입니다. 이렇게 되면 식량이 부족해 백성들의 형편이 어려워 질 것입니다. 장사를 해서 이익이 남지 않는데 이 땅에 상인들이 남아있겠습니까?"

박지원은 조정의 정책에 이렇게 반박했어요. 상인의 상업 활동을 조정에서 관여해서는 안 된다는 뜻이었지요. 조정이 개입해서 물건값이 묶이면 이득을 얻지 못해 상업 거래가 마비될 수 있다고 보았어요. 그렇게 되면 농민, 수공업자 모두 가난해지는 건 불 보듯 뻔한 일이라고 생각한 거예요.

　박지원은 상업 활동이 자유로워야 경제가 발전할 수 있다고 확신했습니다. 그만큼 상인과 상업 활동을 매우 중요하게 생각했어요. 조선의 사농공상 신분 중에 상인이 가장 천한 직업이었지만 그들로 인해 물자가 유통된 것도 사실이었어요. 때문에 박지원은 상업을 폐지해선 안 되며, 오히려 발전시켜야 한다고 주장했어요.

6 중상학파의 리더로 남다

"박지원을 안의현감°으로 임명한다."

"명 받들겠나이다."

박지원이 임금을 향해 머리 숙여 인사했어요. 그의 나이 55세에 안의현감으로 임명된 것이었어요. 무척 늦은 나이였지요.

관직을 얻은 것보다 박지원을 더 기쁘게 한 것은 따로 있었어요.

"비로소 이용후생의 학문을 실천할 수 있게 되었어!"

자신의 학문 이론을 실제 생활에 적용할 기회가 생긴 것이었어요.

"관사를 손질하고 공장들을 뽑아 기술을 가르치자."

안의현감 지방 행정구역 단위였던 현의 종6품직 관직입니다.

박지원은 부임하자마자 폐허가 된 관사를 손질하고, 누각 옆에는 연못을 만들었어요. 또 기술이 뛰어난 공장들을 뽑아 직접 가르치며 베틀과 물레방아 등 여러 기구를 제조하여 시험했어요.

박지원은 중상학파의 리더였지만 토지 문제에 대해서도 많은 관심을 갖고 있었습니다. 그는 거름과 비료, 농기구 등 실제 농업 경영에 필요한 항목을 자세하게 다룬 《과농소초》를 집필해 효율적인 농업 방법과 생산성을 높일 수 있는 다양한 대책을 제안했어요.

또 《한민명전의》에선 토지 소유 문제를 다루며 토지 소유를 일정 수준으로 제한하는 한전론을 적극적으로 주장했어요.

"농서대전•을 그대가 맡아 집필하면 어떻소?"

박지원이 쓴 농서를 무척 마음에 들어 한 정조는 계획하고 있던 농서대전의 집필을 맡기기도 했습니다. 이때 박지원 나이 62세였어요.

하지만 이듬해인 1800년, 정조가 갑작스럽게 세상을 떠나고 말았어요. 박지원도 건강이 좋지 않아 관직에서 물러나게 되었지요. 그는 자택에 머물며 은둔 생활을 하다 1805년 69세의 나이로 삶을 마감하였어요.

당시 지배 계층의 조롱과 무시에도 아랑곳하지 않고, 오직 나라와 백성

> **농서대전** 1798년 11월 정조가 새로운 농서를 편찬하는 사업을 추진하였어요. 농서는 농업생산 활동에 활용되던 농업기술을 정리해 수록한 책이에요. 이때 편찬하려던 농서의 이름이 '농서대전'이에요.

의 윤택한 삶을 꿈꾸며 청나라의 문물을 받아들이자고 주장했던 박지원은 이후 수많은 중상학파에 영감을 주며 훗날 개화사상을 꽃피우는 데 큰 역할을 했답니다.

수레에서 홈쇼핑까지

박지원은 수레와 선박을 잘 활용해 물자가 먼 곳까지 원활하게 유통되어야 한다고 주장했습니다. 국내 상업이 발전하면 자연스럽게 해외 무역도 할 수 있을 거로 생각했어요. 해외 무역이 이루어지면 더 다양하고 많은 물건이 유입되니 유통 경제가 활발해질 거라 믿었지요.

박지원의 주장대로 유통은 경제에 무척 중요한 역할을 합니다.

유통은 생산자의 손을 떠난 상품이 소비자를 만나기까지의 과정을 말해요. 유통 과정이 없다면 직접 생선을 구하러 바다로 가거나, 과일을 얻기 위해 과수원을 일일이 찾아다녀야 해요. 반대로 어부는 생선을 팔기 위해 전국을 돌아다녀야 하지요.

이러한 과정은 체력적으로 힘들 뿐만 아니라 시간도 오래 걸렸어요. 소비자는 원하는 걸 바로 얻지 못하니 불편하고, 생산자는 애써 기른 농수산물을 다 팔지 못해 손해를 보곤 했지요. 물자가 원활하게 돌지 못하니 상업이 발전하기도 힘들었어요.

그러다 18세기 중엽, 영국에서 산업혁명이 발생하면서 처음으로 유통 상인이 등장하기 시작했습니다. 물건을 손으로 만들다가 기계로 대량 생산하게 되면서 물건을 빨리 팔아야 할 상황이 되었어요. 예전에는 생산자가 물건을 만들고 팔기까지 했다면, 이후부터 생산자는 생산만, 판매는 유통 상인이 도맡아 하게 되었지요.

조선에도 유통 상인들이 있었지만 그 규모는 크지 않았습니다. 또 서양처럼 문물이 일찍부터 발달하지 않았기 때문에 물자를 먼 곳까지 이동시킬 수단이 없었어요. 때문에 박지원은 수레와 선박을 활용해 물자를 유통해야 한다고 주장한 거예요.

이런 시기를 거쳐 유통업은 점차 발전하기 시작했습니다. 소상인으로 시작해 여러 단계를 거치며 현재는 대기업으로까지 성장하게 되었지요. 더불어 유통의 규모도 무척 커졌어요.

대형 할인마트

1990년대 초 등장한 대형 할인마트가 대표적이에요. 대형 할인점은 물건을 대량으로, 저렴하게 판매하는 방식을 내세우고 있어요. 저렴하게 판매하려면 도매상, 소매상 같은 중간 상인 단계를 거치지 않아야 해요. 생산자와 소비자 사이에 중간 상인이 많이 있을수록 제품의 가격은 더 올라가거든요.

대형 할인점은 이러한 유통 과정을 따르지 않았어요. 중간 상인을 거치지 않고 직접 농장이나 공장과 거래하기 시작했지요. 농부에게 직접 배추를 구매하고, 공장 사장에게 직접 신발을 구매한 거예요. 이런 성격 때문에 대형 마트는 다른 상점보다 물건을 저렴하게 구입할 수 있답니다.

요즘은 인터넷이나 TV 홈쇼핑을 통해 직접 물건을 사는 사람들이 많아지고 있어요. 클릭 한 번이면 해외에 있는 물건도 집 앞으로 배달될 정도니, 조선 시대에 비하면 유통업이 엄청나게 발전했다는 걸 알 수 있지요.

과연 박지원이 이 모습을 본다면 어떤 생각을 할까요?

우리나라 최대의 경제 위기!

　1인당 국민소득 1만 달러를 달성하고 뒤이어 OECD까지 가입하자, 대한민국은 그야말로 축제 분위기였습니다. 하지만 이 행복도 그리 오래가지 않았어요. 외환위기, 즉 IMF 구제 금융 사태를 맞이하게 되었으니까요.

　외환위기란 나라에 돈이 부족해 빌려야 하는 위태로운 상황을 뜻해요. 우리도 돈이 없으면 은행에서 빌리듯이, 국가도 돈이 없으면 국제 통과 기금이라는 곳에서 돈을 빌려야 한답니다. 이 국제 통화 기금을 International Monetary Fund 줄여서 IMF라고 불러요. 한 마디로 경제가 어려워진 나라에 돈을 빌려주는 기구이지요.

　IMF는 가입국들이 낸 돈을 모아두었다가 경제가 어려운 나라가 도움을 요청하면 그 때 돈을 빌려줘요. 우리나라는 1995년에 IMF에 가입했어요. 1995년은 국민소득 1만 달러 달성뿐 아니라 수출 1,000억 달러도 돌파한 해였어요. 무서울 것 없이 승승장구하던 때였지요.

　하지만 위기는 1997년에 찾아왔습니다. 경제 성장이라는 목표를 이루기 위해 무분별하게 외국에서 돈을 빌린 게 화근이 되었어요. 기업은 외국 돈을 빌려 회사를 확장하고, 금융기관도 돈이 부족하면 다른 나라 금융기관에서 돈을 빌려 기업에 빌려주는 등 무리한 경영을 해 왔던 거예요. 하지만 정부는 사태의 심각성은 까맣게 모른 채 관리감독에 소홀했고, 결국 국내의 외환 보유액은 턱없이 부족해지고 말았습니다.

　외환 보유액은 정부가 가지고 있는 외국돈을 말해요. 이 돈이 많아야 나라에 급히 돈이 필요할 때 쓸 수 있거든요. 그런데 1997년에는 이 외환 보유액이 많지 않았어요. 외국에 빚을 진 기업과 금융기관이 줄줄이 문을 닫자, 우리나라에 투자한 많은 외국인들이 돈을 빼가기 시작한 거예요. 한국 경제가 나빠지면 자신들이 투자한 돈을 회수하지 못할까 우려했던 것이지요.

금 모으기 운동

또 우리 기업에 돈을 빌려준 나라들이 돈을 갚으라고 독촉하기 시작했어요. 하지만 갚을 돈은 턱없이 부족했고, 선뜻 돈을 빌려주겠다는 나라도 없었어요.

결국 1997년 11월 21일, 우리나라는 국제통화기구 IMF에 돈을 빌려달라고 요청했습니다. 돈을 빌려주는 조건으로 IMF는 4년 동안 우리나라 경제를 간섭하고 관리하겠다고 선언하였어요.

약 4만여 개의 기업들이 줄줄이 문을 닫고, 직업을 잃은 실업자들이 거리에 넘쳐나기 시작했습니다. 하지만 우리나라 국민들은 좌절하지 않았어요. 금 모으기 운동을 하며, 금반지, 금목걸이 등 자신들의 재산을 선뜻 나라를 위해 내놓았어요. 이렇게 모은 금은 수출했는데, 그때 받은 돈이 무려 20억 달러였답니다. 이외에도 아껴 쓰고, 나눠 쓰고, 바꿔 쓰고, 다시 쓰자는 취지로 아나바다 운동을 벌이기도 했어요.

온 국민이 하나가 되어 노력한 덕분에 2001년 8월, 우리는 4년 만에 빌린 돈을 모두 갚고 외환 위기에서 벗어날 수 있었어요. 경제 성장도 중요하지만 경제 기반을 튼튼히 하는 게 무엇보다 중요하다는, 값진 교훈을 얻으면서 말이에요.

7 정약용
공동 경작, 공동 분배!

1762 ● 경기도 광주 출생

1783 ● 회시에 합격, 경의진사(經義進士)가 됨

1789 ● 식년문과에 갑과로 급제했으나 가톨릭신자라는 이유로 탄핵받고 유배됨

1792 ● 〈기중가설〉을 지어 올려 수원 화성 축조에 기여함

1794 ● 경기도 암행어사로 나가 활약

1797 ● 승지에 올랐으나 모함받고 물러남

1799 ● 병조참의가 되었으나 모함받고 물러남

1801 ● 신유사화가 일어나면서 장기로 유배되었다가 다시 강진으로 유배됨. 이후 18년간 유배생활을 함

1836 ● 사망

1 긴 유배의 시작

"아주 대단한 집 자제라던데요?"

"8대 동안 홍문관 벼슬을 한 집안이라잖아!"

밭에서 일하던 두 남녀가 작은 목소리로 대화를 나누고 있었습니다.

"왕이 엄청나게 총애했다고 하던데…"

"그러게 왜 나라에서 금지하는 걸 해서는!"

남자의 목소리 단숨에 커졌어요. 그러자 여자가 남자의 입을 틀어막았어요.

"아휴, 조용히 좀 해요. 듣겠어요!"

조금 떨어진 곳에서 이들의 이야기를 들은 정약용은 조용히 책을 덮었습니다. 그리고 자리에서 일어났어요.

"어딜 가나 냉담한 눈초리뿐이구나."

정약용은 쓴웃음을 지으며 초가집으로 향했습니다.

정약용이 강진으로 유배를 온 지도 꽤 오랜 시간이 흘렀어요. 가족, 친구 하나 없는 쓸쓸한 생활이 계속되었지요. 외로움보다 더 견딜 수 없었던 건 백성들의 외면과 멸시였어요.

"천주교쟁이 주제에!"

"저런 놈은 죽어 마땅해!"

사람들은 정약용 집 앞에 몰려와 욕을 하며 그를 몰아세웠어요.

한때 정조의 남자라 불릴 정도로 왕의 두터운 신임을 받던 정약용은 역사의 소용돌이에 휘말려 한순간에 나락으로 떨어지고 말았습니다. 유배 생활은 끝도 없는 동굴을 걷는 것처럼 암담하기만 했어요.

'무릎을 꿇어선 안 돼. 어떻게든 이곳에서 내가 할 일을 찾아야 한다.'

그는 좌절에 굴복하지 않겠다고 마음먹었어요.

2 실학으로 개혁을 꿈꾸다

    정약용의 집안은 8대에 걸쳐 홍문관 벼슬을 한 명문가였습니다. 홍문관은 학문을 연구하고 왕에게 조언을 해 주는 기관으로, 학식이 깊지 못하면 있을 수 없는 곳이었어요.

    정약용 역시 이런 집안의 영향을 많이 받았습니다. 4세에 학문을 독파하고 10세에는 《삼미집》이란 시집을 출간할 정도로 머리가 뛰어났어요. 또 16세가 되던 무렵에는 성호 이익의 책을 읽기 시작했어요. 이익의 학문을 처음 마주한 정약용은 그의 사상에 매료되었어요. 그리고 좀 더 깊이 그의 학문 세계를 탐구하고 싶었습니다.

    "서로 인사하게."

    어느 날 정약용의 매형이자, 조선에서 최초로 천주교 영세를 받은 이승훈이 한 남자를 데리고 왔어요.

"안녕하십니까. 이가환이라고 합니다."

그는 정중하게 정약용에게 인사를 했어요.

"먼 곳까지 찾아주셔서 감사합니다. 꼭 이익 선생을 만난 기분이군요."

정약용도 예를 갖춰 인사했어요. 이가환은 이익의 증손으로 이익의 사상을 계승한 인물이었어요. 성호 학파의 중심 인물이기도 했지요. 이익은 정약용이 태어난 이듬해인 1736년에 사망했기 때문에, 만나는 건 불가능했어요. 대신 이가환을 통해 실학사상을 가까이 접할 수 있게 되었어요.

정약용은 이가환을 비롯해 성호 학파 사람들과 자주 만나면서 이익의 사상을 연구하고 토론하였어요. 이를 계기로 조선 현실에 대한 비판적 안목을 기르고 사회 개혁 방안을 구체적으로 고민하게 되었지요. 또 자연스럽게 서양의 선진 문물과 과학기술을 열린 자세로 받아들일 수 있었습니다.

'이익 선생이 뿌려놓은 조선 개혁의 씨앗을 내가 키워보겠노라!'

이익은 정약용이 개혁 사상가로 성장하는 데 큰 거름이 되었어요. 그리고 그 거름을 이용해 개혁의 꽃을 피울 수 있도록 도움을 준 사람이 바로 정조였습니다.

"이 시험의 답안을 쓴 자가 누구더냐?"

과거 시험이 끝나고 유생들의 답안지를 살펴보던 정조가 한 장의 시험지를 들고 물었어요.

"정약용이란 자이옵니다."

"정약용? 굉장히 놀라운 식견을 갖고 있구나. 그자를 얼른 불러오너라!"

정약용의 답변을 본 정조는 그가 다른 성균관 유생들과 달리 매우 독특하고, 학식마저 뛰어나다며 놀라움을 감추지 못했어요. 결국 정약용은 22세에 소과 시험인 생원시에 합격해 성균관에 들어가 공부하면서 정조의 눈에 들게 되었어요. 이후 수차례의 도전 끝에 28세가 되어서야 대과에 합격할 수 있었지요. 비로소 정치 길에 나설 수 있게 된 거였어요.

"정약용을 규장각 초계문신으로 임명한다."

"성은이 망극하옵니다, 전하!"

정조는 기다렸다는 듯 정약용을 규장각의 초계문신에 발탁했습니다. 초계문신은 규장각에 특별히 마련된 교육 및 연구기관으로 젊고 유능한 관료들의 학문 연마를 돕는 제도였어요. 즉 뛰어난 인재를 키우는 인재 양성소였지요.

정조는 이들 중 정약용을 가장 아끼고 신뢰했습니다. 정약용 역시 평생 정조를 섬기고 따르며 큰 스승으로 여겼어요. 정조는 정약용의 정신적 지주나 마찬가지였어요.

"연구는 잘되고 있느냐?"

"네, 전하. 성을 쌓는 기술을 연구하고 있사온데, 아직 풀리지 않는 것이 몇 있사옵니다."

"그래? 내 필요한 책을 구해다 줄 테니, 어려운 점이 있으면 또 말하라."

정조는 정약용이 연구한 실학이 현실에서 이루어질 수 있도록 지원을 아끼지 않았어요. 성 쌓기와 관련된 책들을 구해 정약용에게 연구하도록 지시하는 등 정약용이 재능을 발휘할 수 있도록 도와주었지요.

정약용은 이러한 뒷받침 아래, 정조가 화성으로 행차할 때 한강을 건널 수 있도록 배다리를 만들었고, 수원 화성을 설계하는 임무를 도맡았어요. 특히 화성 건축에는 그가 고안한 '거중기'가 큰 역할을 했어요.

"와! 저게 거중기라는 거구만?"

"저것만 있으면 무거운 돌도 가뿐히 들어 올릴 수 있다지?"

"아, 그렇다니까! 우리 일도 그만큼 줄어드는 게야!"

성 쌓기에 동원된 인부들도 거중기의 위력에 깜짝 놀랐어요.

거중기는 무거운 돌을 쉽게 들어 올릴 수 있는 복합도르래로, 선진 과학 기술을 바탕으로 설계된 기구였습니다. 거중기로 인해 10년이 소요될 화성 건축 기간은 단 2년 9개월로 축소되었지요.

정약용은 실학자이자 과학자였어요. 정조는 이런 정약용을 옆에 두고 함께 조선 개혁의 큰 뜻을 품었어요. 하지만 이 꿈은 정조의 갑작스러운 죽음으로 깨지고 말았습니다. 그리고 정약용의 삶도 변화의 소용돌이에 휘말리고 말았어요.

3 유배는 백성을 위해 학문을 하라는 하늘의 계시이다

정조가 죽고 어린 순조가 등극하자, 대왕대비 정순왕후는 수렴청정을 하면서 천주교를 탄압하기 시작했습니다. 천주교는 조선 후기, 중국을 통해 들어온 서양의 종교로, 조선에 많은 신자를 양성했어요. 하지만 이때에는 종교보다 학문으로 인식했기 때문에 서양에서 들어온 학문, 즉 서학이라 불리었어요.

천주교는 조상에게 제사 지내는 것을 금지하는 등, 유교적 관습을 거부했기 때문에 조선 정부의 탄압을 많이 받았어요. 하지만 몰래 서학을 공부하는 사람들이 늘어나자, 정순왕후는 천주교인들을 처형하는 신유박해를 일으켰어요. 당시 서학은 실학자들이 많았던 남인 계열에서 많이 연구되고 있었어요. 남인이었던 정약용도 이를 피해갈 수 없었지요.

정약용이 처음 천주교에 관심을 갖게 된 건 그의 매형 이승훈 때문이었습니다. 하지만 학문적으로 관심을 가졌을 뿐, 다른 이들처럼 종교적으로 깊이 있게 접근한 건 아니었어요. 그럼에도 정약용은 천주교 신자로 오해를 받았습니다.

"이승훈과 정약종은 참수형! 정약용은 유배형에 처한다!"

결국 이승훈과 셋째 형 정약종은 참수형을 당했고, 정약용은 천주교를 일찍 멀리했다는 이유로 사형만은 면하게 되었어요. 대신 강진으로 긴 유배를 떠나게 되었지요.

'친구들도, 백성들도 모두 나를 비난하는구나.'

한순간에 모든 걸 잃은 정약용은 깊은 시름에 빠졌습니다. 그의 큰 꿈, 학문은 세상을 다스리는 데 실질적인 이익을 주어야 한다는 경세치용의 꿈도 물거품이 되고 말았어요.

하지만 정약용은 좌절하지 않았습니다. 유배지에서 본 비참한 백성의 삶은, 바닥으로 떨어졌던 개혁의 열망을 다시금 솟아오르게 해 주었어요. 여전히 그의 마음속에는 백성을 사랑하는 마음이 가득했어요.

'유배는 백성을 위해 학문을 하라는 하늘의 계시이다. 다시 학문을 시작해 보자!'

그날 이후 정약용은 다시 학문에 몰두하기 시작했습니다. 비록 현실 정치에서는 멀어졌지만 학문으로나마 자신의 사상을 완성하고 싶었어요. 그리고 자신을 죄인이 아닌, 실학자이자 개혁가로 후세의 사람이 인정해 주길 바랐습니다.

4 《경세유표》를 쓰다

정약용은 낮, 밤을 가리지 않고 읽고 쓰고를 반복했어요.

책을 쓰느라 방바닥에서 떼지 않았던 복사뼈에 세 번이나 구멍이 나고, 어깨에 마비가 올 정도로 정약용의 열정은 대단했습니다. 시력도 나빠져서 안경을 쓰지 않으면 안 될 정도였지요. 18년의 유배 생활 동안 그가 쓴 책은 무려 500여 권에 달했어요. 경제와 정치뿐만 아니라 형법, 의학, 농업, 자연, 과학기술 등 다양한 분야의 책들이었지요.

그중 하나가 바로 조선의 개혁을 다룬 《경세유표》였어요.

"현재 관직 체계는 큰 문제가 있어. 새롭게 싹 바꿔야 해. 또 신분과 지역에 따라 차별도 심하니, 이 역시 뜯어 고쳐야 해!"

정약용은 이외에도 토지제도의 개혁과 상공업을 통한 부국강경 등 조선 개혁의 전반적 사항을 정리하고 서술했습니다.

"조선은 병들지 않은 게 없다. 지금 당장 개혁하지 않으면 나라는 반드시 망하고 말 것이다."

정약용은 《경세유표》 서문에 이렇게 적어놓았어요. 특히 그는 17세기 이후부터 내려온 중농학파의 토지 개혁 사상을 일부 수용하면서, 자신만의 독창적인 토지 개혁론을 확립했습니다.

여전론에서 정전론으로

《경세유표》가 쓰이기 훨씬 전인 1799년, 정약용은 《전론》이란 책을 쓴 적이 있었어요. 거기서 그는 조선의 토지 제도 개혁으로 여전론을 시행해야 한다고 주장했어요. 여전론은 토지를 국가가 소유하고 마을 사람들이 공동으로 경작해서 공동으로 이익을 분배한다는, 당시로써는 매우 파격적인 개혁론이었어요.

"먼저 '여'는 산과 언덕의 형세를 따라 경계 구역을 정하고 최소 30호를 기본 단위로 설치한다. 여의 모든 토지는 공유화해서 백성의 공동 소유로 삼는다. 여에 속한 농민들은 우두머리인 여장의 지시에 따라 농사를 짓는다. 여장은 농민들이 일할 때마다 일한 날과 노동량을 장부에 기록해둔다. 수확을 하면 먼저 나라에 바칠 세금을 먼저 계산하고 그다음 여장의 월급을 제한 뒤, 나머지를 일한 날과 노동량에 따라 농민들에게 분배한다."

정약용은 개인의 토지 사유를 인정하지 않았어요. 대신 '여(閭)'라는 촌락 단위로 농민을 묶은 뒤 공동으로 농사를 짓고, 노동량에 따라 수확물을 분배해야 한다고 주장했지요. 그렇게 해야만 대토지 소유로 발생하는 수많은 문제점을 해결할 수 있다고 보았어요.

"아니야! 여전론만으로는 한계가 있어. 자기 땅을 못 갖게 하는 게 과연 가능한 일일까?"

20여 년이 흐른 뒤, 정약용의 사상도 조금씩 바뀌기 시작했습니다. 그는 《경세유표》에서 여전론이 아닌 정전론을 토지 개혁의 지표로 삼아야 한다고 주장했어요.

정전론은 토지의 사유를 인정하되, 공전을 만들어 국가에 세금을 내게 하는 제도였어요. 여전론과 다른 점이 있다면 개인의 토지 소유를 인정한 것이었어요.

"이번에 또 땅을 샀다면서요?"

"너도나도 땅을 사들이니, 저만 가만히 있을 순 없지요. 허허!"

정조가 죽고 난 뒤, 권력을 잡은 세도 가문은 엄청난 규모의 대토지를 소유했어요. 때문에 정약용은 개인의 토지 사유를 막는 것이 현실적으로 불가능하다는 걸 깨달았습니다.

정전론은 개인의 토지 소유를 인정하면서, 토지를 우물 정(井)자 모양으로 구획하는 게 특징이었어요.

"땅을 아홉 칸으로 나눈 뒤, 겉의 여덟 칸은 개인이 알아서 농사를 짓고, 가운데 한 칸은 공전으로 삼아 다 함께 농사를 짓는다. 같이 농사지어 얻은 수확물은 국가에 세금으로 바쳐야 한다. 그리고 지주가 소유한 땅을 국가가 조금씩 사들여서 정전으로 만들고, 땅이 없는 농민에게 분배하도록 한다. 만약 국가가 지주의 땅을 사들이지 못하면 땅 없는 농민들이 그곳에서 골고루 농사지을 수 있도록 한다."

정약용은 이렇게 하면 점진적으로 지주의 토지 소유를 줄여나갈 수 있다고 믿었어요. 또 땅이 없는 농민들이 경제적으로 안정될 수 있다고 보았지요. 그러면 정약용이 꿈꾸던 세상, 모든 농민이 땅을 갖고 농사지으며 사는 경자유전의 세상이 실현될 수 있다고 생각했어요.

6 오로지 농민을 위해

　정약용은 토지 개혁을 중요하게 여긴 중농학파였지만 상업에도 큰 관심을 갖고 있었습니다. 하지만 유수원, 박제가와 같은 중상학파처럼 상업을 적극적으로 장려하지는 않았어요. 오히려 국가가 시장에 개입해 상업을 관리하고 시장의 질서를 다스려야 한다고 주장했어요.

　정약용이 상업에 관심을 갖게 된 건 순전히 농업, 농민을 위해서였어요. 그는 농업이 먹고 사는 것으로만 끝날 게 아니라, 상업적 이윤을 추구하는 방향으로 발전해야 한다고 보았어요.

　"뼈 빠지게 농사지으면 뭐하나! 입에 풀칠하기도 어려운걸!"

　"그러게 말이에요. 밥 한 끼 배불리 먹었으면 소원이 없겠어요."

　한 농부 부부가 일을 하며 불만을 털어놓았어요. 이를 본 정약용은 가던 길을 멈추고 부부에게 조언을 해 주었어요.

"참외와 오이, 인삼을 길러 보시오. 채소와 약초를 심어 기른다면 아마 큰돈을 벌 수 있을 것이오. 요즘 인삼을 심어 떼돈을 버는 사람이 많아지고 있답니다."

정약용은 팔아서 이익이 되는 상업적 농작물을 전문적으로 시행할 필요가 있다고 생각했어요. 그래야 농촌 경제도 안정되고 부를 축적할 수 있다고 생각했지요.

이외에도 정약용은 나라를 부강하게 하는 방법으로 분업을 강조했어요. 그는 농민들을 일반 농민, 과수 농민, 삼포농민, 방직 농민 등으로 나누고 지정된 작물만 재배할 것을 주장했어요. 역할을 나눠서 하면 생산량이 훨씬 높아진다고 본 거였지요.

18년간의 긴 유배 생활을 마치고 고향으로 돌아온 정약용은 이후 18년은 자유의 몸이 되어 살았어요. 굴곡진 삶 속에서도 좌절하지 않고, 자신의 개혁 의지를 학문으로 완성하고자 했던 그의 노력은 결국 실학의 집대성이라는 위대한 결과를 남기게 되었습니다.

특히 정약용이 가장 중요하게 생각했던 토지 개혁론은 후세의 사람들에게도 큰 영향을 주었어요. 정약용이 죽고, 24년이 흐른 1894년 동학농민운동이 일어났어요. 당시 농민군들은 토지를 골고루 나누어 모든 농민이 농사지을 수 있도록 해야 한다고 주장했는데 이는 정약용의 토지 개혁론에서 영향을 받은 것이었어요. 평등사상을 바탕으로 한 동학농민혁명의 주장과, 정약용의 사상이 일맥상통했던 것이지요.

    백성을 사랑하고

    나라를 근심하라

    시대를 아파하고

    세속에 분개하라

    그렇지 않은 모든 것은

    아무 의미 없다

    -정약용-

> 토지 문제 =
> 일자리 문제?

 정약용은 《경세유표》의 대부분을 토지제도로 할애했어요. 그만큼 토지는 반드시 해결해야 할 중요한 문제였어요. 그는 토지 개혁이 이루어져야 백성의 삶도 안정된다고 믿었어요. 당시 조선의 백성들도 토지 제도가 정착되기만을 손꼽아 기다렸지요.

 토지 제도가 당시 조선이 해결해야 할 중요한 민생 문제였다면, 현재는 일자리 문제가 시급히 해결해야 할 민생 문제라고 볼 수 있어요.

 우리나라의 청년들은 좋은 일자리를 얻기 위해 지금도 열심히 노력하고 있어요. 영어 성적이나 자격증 취득 등 자기만의 스펙을 쌓으며 공부하고 있지요. 그래야 연봉이 높고 복지가 좋은 기업에 취직할 수 있으니까요.

 하지만 구직자들에 비해 일자리가 많지 않기 때문에 취업 문제는 매년 큰 이슈로 떠올라요. 설령 취직을 했더라도 정규직과 비정규직 사이에 갈등이 생기기도 해요. 정규직 근로자는 회사와 고용계약을 체결하고 나라에서 정한 근로기준법상의 보호를 받지만 비정규직은 그런 혜택을 받을 수 없어요. 이들은 임시직, 계약직으로 분류되어 단기간으로 회사와 계약을 해요. 일할 수 있는 기간이 몇 년 정도로 짧아서 항상 불안감을 느끼며 회사에 다녀야 하지요.

 일자리를 구하지 못해 실업자가 늘어나면 국가 경제에도 안 좋은 영향을 미쳐요. 일을 하지 못하면 돈을 벌 수 없기 때문에 소득 불균형이 생기게 되고, 사회불안은 점점 심해져요. 때문에 정부가 적극적으로 나서 실업난을 해결하기 위해 노력해야 합니다.

 정부는 비정규직이 정규직으로 전환될 수 있도록 정책을 마련해야 하고, 기업은 새로운 분야를 개척해 일자리를 창출해야 해요. 또 기존의 일자리를 나눔으로써 서로 상생하는 방법을 모색해야 해요.

현재 우리 정부는 실업을 줄이기 위해 직업 훈련을 지원하고, 직접 일자리를 만드는 등 다양한 노력을 하고 있어요. 구직자들이 직업 정보를 쉽게 얻을 수 있도록 취업 박람회를 열기도 하고요. 또 실직을 당해 일을 하지 못하는 사람들에게는 재취업을 하는 동안 실업급여를 지급해 생계에 어려움이 없도록 지원하고 있어요.

지금도 뉴스에서 어김없이 나오는 실업률, 일자리 부족 문제는 정약용이 매일 고민하던 토지 문제처럼 시급히 해결해야 할 중요한 과제랍니다.

자유무역협정 체결

2004년 4월 1일 우리나라는 칠레와 FTA를 체결했습니다. 우리나라 최초의 FTA체결이었어요. FTA란 Free자유로운 Trade무역 Agreement협정의 약자로, 국가 간 무역을 할 때 관세 없이 자유롭게 무역하는 거예요.

관세는 국가에서 수입하는 물건에 매기는 세금이에요. FTA를 하기 전에는 대부분의 나라가 보호 무역을 시행했답니다. 보호무역은 상품에 관세를 매겨 자국의 상품을 다른 나라 상품으로부터 보호하는 거예요. 관세가 붙으면 수입한 물건의 가격이 오르기 때문에, 상대적으로 자국에서 만든 상품이 쌀 수밖에 없어요. 그럼 수입품보다 더 잘 팔리겠지요? 다른 나라 상품은 덜 팔리니, 수입도 점점 줄어들 테고요.

이처럼 보호무역은 관세와 같은 무역 장벽을 사용해 자국의 산업을 보호하고 발전시키려고 합니다. 하지만 안 좋은 점도 갖고 있어요. 다른 나라 상품을 수입하지 않으면 우리나라 상품도 해외에 수출하기 어려워요. 또 국내 기업들은 해외 상품과 경쟁하지 않아도 된다는 안일한 생각에 기술 개발에 소홀할 수 있습니다.

이런 이유로 보호 무역 대신 자유무역을 원하는 나라들이 점점 많아지기 시작했어요. 관세와 같은 무역 장벽 없이 여러 나라와 자유롭게 거래하기를 원했지요. 그래서 자유무역을 원하는 나라끼리 FTA를 맺고 무역을 하기로 약속을 했어요.

우리나라도 이런 흐름에 힘입어 처음으로 칠레와 FTA를 체결하게 되었답니다. 당시 많은 나라가 FTA를 맺고 있었어요. 우리의 수출국이 다른 나라와 FTA를 체결한다면 수출 시장 한 곳을 빼앗길 수도 있었지요. 이런 일을 막으려면 우리가 먼저 FTA를 체결하는 수밖에 없었어요.

1998년 11월, 최초로 FTA을 맺기로 합의했어요. 칠레는 경제 규모가 그리 크지 않았어요. 그래서 FTA를 체결했을 때 우리 산업에 큰 영향을 미치거나, 위협이 될 만한 요소는 없을 것으로 판단했지요.

하지만 농민들의 반대가 매우 컸어요. 칠레의 포도와 와인을 비롯한 농수산물이 매우 싼 가격에 수입되면서, 우리 농가의 농수산물이 위협을 받았기 때문이에요. 대신 한국산 자동차와 TV 같은 전자제품의 수출은 증가했어요. 이와 관련된 기업들은 함박웃음을 지었지요.

칠레와 협정을 맺은 이후, 우리는 유럽자유무역연합EFTA, 인도, 싱가포르, 터키, 미국 등과도 FTA를 맺게 되었습니다. 특히 2008년 미국과 FTA를 체결하는 과정에서 소고기 협상을 할 때, 한국에서는 대대적인 반대 시위를 했어요. 미국산 소고기가 광우병을 일으킬 수도 있다는 우려 때문이었지요.

FTA는 많은 이해관계가 얽혀 있기 때문에 체결할 때마다 항상 논란이 발생해요. 그럼에도 전 세계 무역량의 50% 이상이 FTA를 체결한 국가들 사이에서 이루어지고 있을 만큼, 현재는 무역의 중심 노릇을 하고 있답니다.

8 실학을 개화사상으로 발전시킨
박규수

1807 ● 서울 출생

1830 ● 효명세자의 죽음에 충격을 받아 은둔하며 학문에만 몰두함

1848 ● 증광시에 병과로 급제해 사간원 정언으로 처음 관직 생활을 함

1861 ● 사신행을 지원하여 약 6개월간 중국에 다녀옴

1862 ● 2월 진주민란 수습을 위한 안핵사 임명

1866 ● 2월 평안도 관찰사로 전임되어 제너럴셔먼호를 격침

1875 ● 정치에서 물러나 칩거하며 김윤식, 김옥균, 유길준, 박영효 등 개화파 청년 양성

1876 ● 사망

1 은둔 생활의 시작

"세자 저하!"

울음과 탄식이 궐 안을 가득 채우고 있었습니다.

1830년, 정조의 손자이자 순조의 아들인 효명세자가 갑작스럽게 세상을 뜨고 말았어요. 그의 죽음으로 온 나라는 슬픔에 휩싸였어요.

그중 누구보다 서럽게 목 놓아 우는 사람이 있었습니다. 바로 박규수였어요.

"세자 저하… 신은 이제 어떻게 살아야 합니까!"

박규수는 바닥에 엎드려 통곡했어요. 그리고 몇 날 며칠 아무것도 먹지 않고 눈물만 흘렸어요.

"나리! 이러다 나리까지 몸 상하십니다."

집안 하인들까지 나서 박규수를 걱정했어요.

'생각해 보니 세자 저하께 받은 은혜가 참 많다. 그 은혜에 보답해야 하지 않겠는가…'

꽤 오랫동안 몸져누웠던 박규수는 자리에서 일어났어요. 지금까지 그에게서 받은 은혜를 보답하는 게 자신이 할 일이라고 생각했어요.

'지금 과거 공부가 뭐 그리 중요한가.'

박규수는 과거 공부를 그만두고 좀 더 넓고 깊은 학문의 세계를 탐구하겠노라 다짐했어요. 그것이 백성의 안정과 부강한 조선을 꿈꿨던 효명세자의 뜻을 이루는 일이라 생각했지요.

효명세자는 박규수와 같은 젊은 인재를 발굴해 조선을 개혁하고자 했어요. 특히 당시 정권을 잡고 있던 안동 김씨● 세력을 견제하기 위해 안동 김씨 세력과 거리가 먼 집안이나, 뛰어난 명문가의 자제들을 옆에 두었어요. 그들의 지지를 바탕으로 왕권을 강화하여 조선의 개혁을 실현하겠노라 다짐했지요.

하지만 효명세자는 꿈을 다 피우지도 못한 채 세상을 뜨고 말았습니다. 이후 박규수는 정치와 거리를 두고 은둔한 채 학문에 매진했어요. 그 기간이 무려 18년이나 되었어요. 박규수는 그 긴 시간 동안 자신의 사상을 한 단계 심화시키며 조선 개혁의 청사진을 마련했어요.

안동 김씨 조선 말, 순조, 헌종, 철종 3대에 60년에 걸쳐 왕의 외척으로 권력을 독점한 세력이에요.

2 박지원의 영향을 받다

박규수는 개혁을 꿈꾼 조선의 마지막 실학자이자 경제학자였습니다. 또 실학을 근대 개화사상°으로 발전시킨 최초의 근대 개화사상가였어요.

그가 개화 사상가로 성장할 수 있었던 건 박지원의 영향이 컸어요. 박지원은 박규수의 할아버지였어요. 박규수는 박지원이 사망한 지 2년 뒤에 태어났기 때문에 그를 실제로 본 적은 없었어요. 하지만 어렸을 때부터 박지원의 사상과 학문을 가까이 접할 수 있었지요.

"아버지, 지금 뭘 그리 쓰시는 것이옵니까?"

"네 할아버지의 사상을 정리하는 것이다."

개화사상 조선 말기에 등장한 사상으로, 조선을 개혁하고 발전시키는 것을 목적으로 합니다.

박지원의 아들이자 박규수의 아버지인 박종채는 박지원의 사상이 후대에도 전해지길 바라는 마음에 4년 동안 박지원의 학문과 사상을 정리하고 기록했어요. 이 과정에서 박규수는 자연스럽게 북학을 공부할 수 있었어요. 그리고 박지원의 실학사상을 체득할 수 있었지요.

"네가 할아버지를 이어 우리 가문을 빛내야 한다."

박규수의 아버지는 박규수가 박지원의 뒤를 이을 훌륭한 인물이라고 생각했습니다.

박규수는 7세 때 논어를 읽고 시를 지을 정도로 머리가 뛰어났어요. 15세부터는 학식이 깊은 성리학자들과 교류하며 토론을 했고, 21세 때는 효명세자에게 주역을 가르쳤어요.

"네가 박지원의 손자이니, 그의 글을 모두 정리한 《연암집》을 만들어 보거라."

"네, 그리하겠사옵니다."

효명세자의 명령으로 《연암집》을 만든 박규수는 개혁 의지를 가진 효명세자와 국사를 논하며 조선의 변화를 꿈꾸었어요. 그에게 효명세자는 좋은 친구이자, 뜻을 같이한 학문적 동지였습니다.

박규수는 조선에 필요한 것은 실학의 정신이라고 생각했어요. 이상에 머무는 성리학이 아니라, 실제 생활에 이로움을 주는 실학의 정신, 그것이야말로 백성을 안정시킬 수 있는 길이라 믿었어요.

"내가 나아갈 길은 오직 이용후생과 부국강병뿐이다!"

박규수는 18년간 은둔생활을 하며 북학파 이외에도 천문학자 등 다양한 실학자들과 교류하였습니다.

3 불안한 조선의 상황

박규수가 은둔생활을 하던 그 시기 조선은 매우 혼란스러웠습니다. 1834년 순조가 승하하면서 효명세자의 아들 헌종이 8세의 나이로 왕위에 올랐어요. 그러자 순원왕후가 어린 헌종 대신 수렴청정을 하며 권력을 잡았어요. 안동 김씨의 세력 또한 하늘을 찌르고 있었지요.

"안동 김씨 때문에 아주 못살 것슈!"

"조용히 혀! 누가 들으면 어쩌려고. 날아가는 새로 떨어뜨리는 안동 김씨들 아녀!"

"그자들이 수탈만 안 했어도 우리가 이렇게 굶지는 않았을 거 아녀유!"

안동 김씨가 나라 곳곳에서 백성들을 착취하자 그들의 불만은 날로 높아만 갔습니다.

그와 동시에 조선의 해안가에는 종종 서양 배들이 출몰하기 시작했어요. 조선은 그들의 출현이 반갑지 않았어요. 나라 안팎으로 민심이 동요하고, 불안한 기운이 감돌았지요.

"자주적으로 나라를 지키려면 힘을 길러야 해!"

박규수는 1848년 42세 때 과거에 급제하면서 처음 관직에 올랐습니다. 그리고 조선전도 〈동여도〉를 제작해 국방을 강화하는 방법을 고민하였고, 부안 현감을 지낼 때는 천체에 관심을 가지며 별을 관찰하기도 했어요. 이는 훗날 지구본인 '지세의'와 천문도인 '평혼의'를 제작하는 기틀이 되었어요. 18년간 연구하며 쌓아온 그의 학문 실력은 관직에 나오며 빛을 발하기 시작했습니다.

이때만 해도 박규수는 할아버지가 주장한 대로 청나라의 발전된 기술을 본받아 조선을 개혁해야 한다고 생각했어요. 하지만 이런 생각은 그리 오래가지 않았어요. 영국과 프랑스 연합군의 침략을 받은 청나라 황제가 열하로 피난을 가는 사건이 발생한 것이었어요.

"열하로 위문사를 보내시오."

조선 정부는 청나라로 위문사를 파견하기로 했어요. 이때 박규수가 위문사의 부사로 임명되면서 청나라 길에 오르게 되었지요.

'할아버지가 다녀오셨던 곳! 드디어 나도 열하에 가게 되는구나.'

박규수는 설레는 마음으로 청나라로 향했어요.

4 북학파에서 개화사상가로

"이게 정녕 청나라란 말인가!"

청나라에 도착한 박규수의 표정은 좋지 않았습니다. 할아버지가 쓴《열하일기》에 등장하는 발전되고 세련된 청나라의 모습은 보이지 않았어요. 그저 혼란스럽고, 어수선한 모습뿐이었지요.

이는 당시 청나라의 정세와 무관하지 않았어요.

박지원, 박제가 등 당대 북학파의 핵심 인물이 활동하던 시기에 청나라는 초강대국이었어요. 때문에 북학파들은 강대국인 청나라의 선진문물과 과학기술을 받아들여 조선을 부강하게 만들자고 주장했어요. 하지만 그로부터 80여 년이 지난 1861년, 박규수가 처음 청나라에 방문했을 당시, 청나라는 서구 열강의 침략으로 쇠퇴하고 있었습니다. 북학파들이 감탄하고 감동했던 그 모습은 간데없고, 막 지고 있는 해처럼 조금씩 몰락하고 있었지요.

'이제 예전의 청나라가 아니다. 그저 이빨 빠진 호랑이일 뿐, 더 이상 청나라를 본받을 이유가 없다.'

박규수는 절대 무너질 것 같지 않았던 청나라의 몰락에 적잖이 충격을 받았어요. 그리고 청나라를 무너뜨린 서양 열강들에 관심을 갖기 시작했어요.

"서양의 과학기술이 청나라의 것보다 훨씬 더 발달하지 않았는가! 그들의 학문이야 말로, 실생활에 필요한 이로운 학문이다! 청나라가 아니라, 서양의 문물을 받아들여야 해!"

그는 서구 열강의 과학기술이 청나라의 과학기술보다 훨씬 우월하다는 사실을 알게 되었어요. 때문에 청나라에서 벗어나 일본을 포함한 서구 열강들과 통상을 해야 한다고 주장했어요. 조선 스스로가 강대국인 서양 열강과 무역을 하고 교류해야만 경제적으로도, 군사적으로도 강해질 수 있다고 믿었어요.

"미국과 수교를 해야 해. 미국은 현재 지구상에서 가장 부유한 나라 아닌가. 그들이 자꾸 배를 타고 조선을 침략하는 것도 우리와 교류하고 싶어서야. 우리가 미리 그들에게 손을 내밀고 수교를 한다면 전쟁과 고립은 막을 수 있어!"

박규수는 서구 열강이 발전한 것은 다른 나라들과 교류하고 무역하기 때문이라 생각했습니다. 또 그들이 배를 타고 조선을 기웃거리는 것도 통상 무역을 하기 위해서라 생각했어요. 때문에 우리가 먼저 열린 자세를 갖고 그들을 받아들인다면 전쟁 방지는 물론 엄청난 경제적 이익을 얻을 수 있다고 판단했어요.

5 신분 차별을 타파하라

조선 후기 중상학파들의 신념과도 같았던 북학은, 이로써 조금씩 변화의 길을 맞이하고 있었습니다. 박규수는 북학을 한 단계 끌어올려, 개화사상으로 나아가는 데 큰 역할을 했어요.

"이 지구의를 좀 보거라."

훗날 정치에서 은퇴한 박규수는 제자 김옥균에게 지구의를 보여 주었어요.

"오늘날 중국이 어디 있느냐? 저쪽으로 돌리면 미국이 중국이 되고, 이쪽으로 돌리면 우리 조선이 중국이 된다. 어떤 나라도 가운데로 오면 중국이 되는데 과연, 오늘날 어디에 중국이 있겠느냐?"

그는 지구의를 빙글빙글 돌리며 물었어요.

"선생님, 기세등등하던 청나라가 어찌하여 저렇게 몰락의 길을 가게 된 건지요."

김옥균이 조심스레 물었어요.

"그건 백성의 삶이 안정되지 못했기 때문이다. 백성의 고혈을 짜 먹는 정치인들 때문에 농민 반란이 일어나고, 그 혼란을 틈타 서구 열강이 침략한 게지. 백성의 잘 먹고 잘 사는 세상, 안정된 세상이 돼야 나라 기강도 튼튼해지고, 부유해질 것이다. 그럼 서구 열강이 침략해도 청나라처럼 몰락하지 않고, 우리 스스로 대비할 수 있을 게야."

박규수는 청나라가 쇠퇴한 원인을 백성의 가난과 불안정한 삶 때문이라고 보았어요. 때문에 삶의 안정이 무엇보다 시급하다고 판단하였지요.

"백성의 삶이 안정되려면 어찌해야 합니까?"

"신분 차별 없이 평등하면 된다. 모두가 평등해야 나라가 부유해질 수 있는 게야."

박규수의 말에 김옥균은 깜짝 놀랐어요.

"평등이라니, 그게 가능하겠습니까?"

"신분에 차별이 있으니, 양반들이 농민을 착취하고 수탈하는 일이 빈번하게 일어나는 것이다. 모든 백성이 차별에서 벗어나 자유롭게 생업에 종사하고, 자신의 일에 충실하다면 덩달아 나라도 부유해지지 않겠는가."

박규수는 백성이 평등해질 때 나라의 경제와 산업이 발전할 수 있다고 생각했어요. 백성을 부국강병의 기초이자, 근본이라고 본 것이었지요. 신분 차별 없이, 양반들의 착취 없이 백성 모두가 자유롭게 자신의 생업을 유지할 수 있어야 나라가 부유해진다고 믿었어요. 이는 초대강국이었던 청나라의 몰락을 확인한 박규수가 얻은 교훈이기도 했습니다.

6 개화 세력을 양성하다

"문호를 개방하셔야 하옵니다. 그들과 통상 무역을 해야 전쟁과 고립을 막을 수 있사옵니다. 또한 발전된 문물을 받아들여 조선 발전에 앞장서야 하옵니다."

박규수는 정권을 잡은 흥선대원군에게 거듭 문호를 개방*할 것을 간청했어요.

"시끄럽다! 개방하는 것은 결국 나라를 팔아먹는 일! 절대 문호 개방은 안 돼!"

당시 흥선대원군은 쇄국정책*을 강화하고 있었습니다. 그는 조선을 찾

문호 개방 문호를 개방한다는 건 마음대로 드나들 수 있도록 터놓는다는 뜻이에요.
쇄국정책 다른 나라와 통상과 교역을 금지하는 정책이에요.

실학을 개화사상으로 발전시킨 **박규수**

아오는 서양의 여러 나라를 거부했어요. 조선의 유교 문화와 어울리지 않는 천주교의 확산, 또 기세등등하던 청나라의 굴복을 보면서 서양 세계에 두려움을 느끼기 시작했지요. 때문에 문호 개방은 절대 안 된다고 마음을 굳히게 되었어요.

'더 이상 내가 조정에 있을 이유가 없구나… 벼슬자리에서 물러나 내 뜻을 펼쳐야겠다.'

박규수는 정치에서 벗어나기로 결심했습니다. 그리고 자신이 직접 개화 세력을 길러야겠다고 생각했어요. 빠르게 변화하는 세계정세에 맞춰 자주적으로 근대화를 준비해야겠다고 다짐했지요.

이후 김옥균과 박영효, 김윤식, 서광범, 홍영식 등 개화파 청년을 양성했어요. 그들에게 서양의 선진 문물과 제도, 국제 정세 등 개화사상에 대해 많은 것들을 가르쳤지요. 이들은 훗날 조선을 근대 국가로 만들기 위해 일으킨 정치 혁명, '갑신정변'을 일으킨 주역들이 된답니다. 박규수의 실학사상이 근대적인 자주독립 국가로서의 조선을 꿈꾸던 개화사상으로 발전했기에 가능한 일이었어요.

"우리가 개화사상을 알고, 개혁을 꿈꾸게 된 것은 박규수 집 사랑방에서였다."
—박영효—

> **갑신정변** 김옥균을 비롯한 급진개화파가 개화사상을 바탕으로 조선의 자주독립과 근대화를 목표로 일으킨 정변이에요.

개화사상과 4차 산업혁명

국가는 국제정세에도 빠르게 대처할 수 있어야 해요. 오롯이 혼자 살 수만은 없기 때문이에요. 국제 정세가 어떻게 돌아가느냐에 따라 정치 방향, 경제 방향도 달라질 수 있어요. 그래서 현재 우리나라도 다른 나라보다 한 발짝 더 앞서 나가기 위해 과학, 문화, 산업 등 다양한 분야를 개발시키고 있어요. 박규수도 당시 국제 정세에 맞춰 서구 열강과 교류하고 개방해야 한다고 주장했어요. 그래야 근대적인 국가로 발돋움해야 할 수 있다고 믿었기 때문이에요.

그렇다면 현재 국제정세는 어떻게 돌아가고 있을까요?

현재 많은 나라는 4차 산업혁명에 주목하고 있었어요. 4차 산업혁명은 인공지능과 로봇 기술, 생명과학이 주도하는 산업이에요. 인공지능이 탑재된 기계들이 자기 스스로 판단해 일하는 것이지요. 사람들이 컴퓨터로 조정하고, 직접 기계를 다루던 3차 산업혁명과는 달리, 4차 산업혁명은 기계 스스로 알아서 움직이고 판단하기 때문에 훨씬 더 발전된 모습이라 할 수 있어요.

4차 산업혁명의 가장 큰 핵심은 인공지능, 사물인터넷, 빅데이터 기술이에요. 인공지능은 인간의 지능을 닮은 것으로, 인간만이 할 수 있는 사고나 학습과 같은 지적능력을 갖고 있는 기술이에요. 의사 대신 인공지능이 환자의 상태를 파악해 진료하는 것이 대표적인 예에요.

사물인터넷은 서로 다른 두 가지 이상의 기기를 연결해 인터넷으로 실시간 정보를 주고받게 하는 기술이에요. 사람 없이 서로 정보를 공유해 분석하고, 상황에 맞게 스스로 작동할 수 있어요. 알아서 식자재를 알려 주고 살 수 있도록 도와주는 스마트 냉장고처럼 말이에요.

빅데이터는 방대한 데이터를 분석해 최상의 답을 찾는 기술이에요. 매일 생산되는 방대하고 다양한 정보들을 필요와 목적에 맞게 분석하는 것이지요. 예를 들어 빅데이터를 활용해 사람들이 살기 좋은 환경을 분석하여 가장 최적의 장소에 집을 짓거나, 홍수, 산사태, 지진 등과 같은 자연재해를 예측하고 관리하는 거예요.

전 세계가 4차 산업혁명에 주목하고, 이를 국가 주요 사업으로 결정한 만큼 우리 역시 이를 수용하고 발전시켜 나가야 해요. 물론 더 똑똑해진 기계들에 일자리를 빼앗기면 어쩌나 우려할 수 있어요. 3차 산업혁명 때도 컴퓨터에 일자리를 빼앗길 것이라 생각했지만 실상 그렇지 않았어요. 컴퓨터도, 인공지능도, 빅데이터도 모두 인간이 만드는 거니까요. 4차 산업혁명으로 미래에는 또 새로운 직업들이 생겨날 거예요. 그럼 새로운 시장이 만들어져 경제도 활성화될 수 있겠지요?

우리가 할 일은 새로운 시대를 두려워하지 말고 미리 공부하고 준비하는 거예요. 서양과의 수교를 두려워하지 않고 선진 문물을 받아들여야 한다고 주장한 박규수처럼 말이에요.

도움 받는 나라에서 도움 주는 나라로!

한 번쯤 TV에서 아프리카의 굶주린 아이들을 후원해달라는 광고를 본 적 있을 거예요. 개인이 직접 후원하는 경우도 있지만, 나라에서 도와주는 경우도 있답니다. 물품이나 돈 등을 전달해 어려운 나라를 돕는 것이지요. 이를 원조●라고 해요.

우리나라도 이런 원조를 받은 적이 있습니다. 6.25 전쟁으로 먹을 게 없어 굶주리고 있을 때, 미국을 포함한 다수의 나라가 우리를 도와주었어요. 모든 시설이 파괴되어 스스로 자립하기 어려운 때였지요. 한국이 일어서는 길은 해외 원조를 받는 것뿐이었어요.

우리나라는 1945년부터 1999년까지 무려 1백 28억 달러의 원조를 받았습니다. 산업화가 시작된 1970년에도 800억에 달하는 원조를 받았고요. 그러니까 6.25 전쟁뿐만 아니라 경제 성장을 하던 시기에도 해외 원조를 여러 번 받은 셈이지요. 선진국의 도움 덕분에 우리나라는 공장을 짓고 새로운 기술을 배울 수 있었어요. 그리고 지금은 세계 경제 10위권대로 올라설 만큼 경제 강국이 되었어요. 물론 우리 국민이 의지를 갖고 열심히 노력한 결과였지만, 해외 원조가 경제 성장의 밑거름이 된 것도 부정할 수 없는 일이에요.

도움을 받을 만큼 어려웠던 우리나라는 이제 다른 나라를 도울 수 있을 만큼 성장했답니다. 그래서 1991년 무상 원조 전담 기구인 한국 국제협력단KOICA을 설립해 본격적

> **원조** 원조에는 유상 원조, 무상 원조가 있는데 유상 원조는 빌려준 돈을 나중에 돌려받기로 하고 돈을 빌려주는 것이고, 무상 원조는 이런 조건 없이 그냥 도와주는 거예요.

인 원조를 시작했어요. 경제가 어렵거나 전쟁, 식민지 등으로 고통받는 나라에 봉사단을 보내고 물이 부족한 나라엔 상수도 시설을, 기술이 부족한 나라에는 기술을 전수했어요. 그러다 2009년 11월 25일 한국은 DAC에 가입하게 되었어요. DAC는 경제개발협력기구인 OECD안에 있는 기구로, Development Assistance Committee 즉 개발원조위원회라는 뜻이에요. 이 기구는 전 세계의 가난한 나라를 돕는 일을 해요. 전 세계 원조의 대부분이 DAC를 통해 이루어지고 있다 해도 과언이 아니에요. 그런데 우리나라가 이 기구의 24번째 회원국이 된 거예요. 한국이 어려운 나라들을 돕는다는 것을 전 세계에 알린 거나 마찬가지였지요. 다른 나라에 원조를 받았던 한국이 이젠 원조를 주는 나라가 되었다는 사실에 전 세계가 깜짝 놀랐습니다. 원조받던 나라에서 원조 주는 나라가 된 국가는, 전 세계에서 대한민국이 최초였기 때문이었어요.

아직 우리의 원조 규모는 다른 나라에 비해 미미하지만 다른 원조국들이 할 수 없는 아주 특별한 일을 하고 있답니다. 돈의 지원뿐만 아니라 원조를 받던 나라에서 주는 나라가 되기까지의 과정과 경험을 전수하는 거예요. 이것이야말로 돈 주고도 못 사는 특급 아이템인 셈이지요.

현재 우리나라는 원조 규모를 더 늘리기 위해 노력하고 있어요. 우리도 이에 동참하여 어려운 사람을 돕고, 어려운 환경에 처한 친구들에게 희망의 씨앗이 되어주면 어떨까요?